Helmut Barz: Psychopathologie und ihre psychologischen Grundlagen

Helmut Barz

# Psychopathologie und ihre psychologischen Grundlagen

2., durchgesehene Auflage

VERLAG HANS HUBER BERN STUTTGART WIEN

CIP-Kurztitelaufnahme der Deutschen Bibliothek

*Barz, Helmut:*
Psychopathologie und ihre psychologischen Grund-
lagen / Helmut Barz. – 2., durchges. Aufl. –
Bern, Stuttgart, Wien: Huber, 1981.
    ISBN 3-456-81041-5

1. Nachdruck 1977
2. durchgesehene Auflage 1981
© 1976 Verlag Hans Huber Bern
Druck: Lang Druck AG, Bern-Liebefeld
Printed in Switzerland

# Inhaltsverzeichnis

9

# Vorwort

Dieses Buch, das sich das Ziel setzt, die wichtigsten Grundbegriffe der allgemeinen Psychopathologie in einer allgemeinverständlichen Weise darzustellen, scheint ein unzeitgemässes Buch zu sein.

Denn die allgemeine Psychopathologie ist — auch wenn sie als Wissenschaft um ihrer selbst willen betrieben werden kann — doch ein Grundpfeiler der Psychiatrie im allgemeinen und der psychiatrischen Diagnostik im besonderen, und um diese beiden scheint es so übel bestellt zu sein, dass der aufgeklärte Zeitgenosse sich nur mit Abscheu von ihnen fernhalten kann.

Jedenfalls erhält man diesen Eindruck, wenn man gewissen Stimmen Glauben schenkt, die durch ihre Lautstärke die Illusion eines mächtigen Chores erzeugen. Dieser Chor singt allerdings unisono eine schlichte Melodie, die man recht bald im Ohr hat:

„Ich habe zu zeigen versucht, dass das psychiatrische Diagnostizieren — soweit es dem medizinischen Konzept folgt — nicht nur unwissenschaftlich ist, sondern auch unpraktisch, antipraktisch, antitherapeutisch entstanden ist und wirkt. Es wird dem Ordnungs-, Berechenbarkeits-, Sicherheits- und Herrschaftsbedürfnis der Gesellschaft und ihrer Institution Psychiatrie gerecht, nicht dem Patienten."[1]

Oder, über die psychiatrischen Patienten allgemein: sie werden von der Psychiatrie „mittels des ganzen pseudo-medizinischen Systems der Klassifizierung als Patienten ... weiterhin in der Rolle des Geisteskranken festgehalten."[2]

Oder, angesichts der Schwierigkeit der Psychiatrie, eine auf allen ihren Gebieten verbindliche Terminologie zu entwickeln: „Das terminologische Chaos hat seinen Sinn. Es ist die Tarnung der politischen Funktion der Psychiatrie: den Kranken zum Ob-

---

[1] KLAUS DÖRNER, Entstehung und Wirkung psychiatrischer Diagnosen, Antrittsvorlesung November 1971, veröffentlicht in Sozialpsychiatrische Informationen Nr. 1, März 1972, Hannover 1972, S. 17.

[2] DAVID COOPER, Psychiatrie und Anti-Psychiatrie, deutsch 1971, Frankfurt a. M. S. 47.

jekt staatlicher Massnahmen zu machen bis hin zu seiner sozialen Ermordung."[3]

Diesem Chor gegenüber — der in seinen extremen Partien noch sehr viel schriller tönt — wird im vorliegenden Buch die Ansicht vertreten, dass die Bemühungen der Psychiatrie um eine Diagnose wissenschaftlich fundiert, praktisch brauchbar, therapeutisch gemeint und auf das Wohl der Patienten gerichtet sind, und dass die Psychiatrie (und nicht erst die Anti-Psychiatrie) die Heilung der Patienten anstrebt.

Dass die Psychiatrie in diesem Bestreben den sozialen (oder „gesellschaftlichen") Zusammenhängen, aus denen die Patienten kommen und in die sie zurückkehren werden, unvergleichlich viel grösseres Interesse schuldig ist als sie es bisher aufgebracht hat, und dass sie sich ausserdem über ihre eigene soziale und politische Funktion mehr Rechenschaft ablegen muss, wird von den wenigsten Psychiatern bestritten werden. Auch hat es sich längst gezeigt, dass viele Psychiater (ohne deswegen zu Anti-Psychiatern zu werden) die Prinzipien der „therapeutischen Gemeinschaft" unter enormen Schwierigkeiten zu verwirklichen trachten, und dass manche von ihnen ihr eigenes Verhältnis zu den Patienten von Grund auf neu zu gestalten bereit sind — ohne dabei Solidarität mit Identität zu verwechseln.

Aber diese Erweiterung um Neues kann nicht heissen, dass die Psychiatrie ihre alten Grundlagen, die in den vergangenen achtzig Jahren gelegt wurden, samt und sonders verteufeln und vergessen müsste.

Vielmehr scheint es nötig, dass die Psychiatrie in dem Masse, in dem sie sich nach aussen hin öffnet und zum Beispiel Psychologen, Pflegende und Sozialarbeiter in ihren innersten Bereich, nämlich in die Therapie, mit einbezieht, ihre psychopathologischen Grundlagen allgemein zugänglich und das heisst: verständlich macht.

Ohne diese Grundlagen ist in der Psychiatrie nämlich weder

---

[3] RENATE WOLFF, KLAUS HARTUNG, Psychische Verelendung und die Politik der Psychiatrie, in Kursbuch 28, Berlin 1972, S. 45.

die Arbeit des einzelnen noch die Zusammenarbeit mehrerer möglich, und zwar aus zweierlei Gründen:

*Erstens* braucht der einzelne, der in der Psychiatrie etwas Hilfreiches ausrichten will, ausser seiner Hilfsbereitschaft auch ein psychologisches Begriffssystem, an dem er sich orientieren kann, und das ihm erlaubt, das Allgemeine (= psychische Störung) vom Besonderen (= was für eine psychische Störung?) zu unterscheiden und dadurch exakt zu beobachten, was ja der engagierten Anteilnahme durchaus nicht im Wege zu stehen braucht.

*Zweitens* bedürfen die in der Psychiatrie Tätigen wenigstens einiger gemeinsamer Begriffe, mit denen sie sich rasch über das verständigen können, was ihnen an nicht alltäglichen Phänomenen bei den Patienten oder auch bei ihnen selbst auffällt.

Ob solche psychopathologischen Begriffe, die nichts weiter bewirken sollen als eine Verfeinerung der Beobachtung und eine Erleichterung ihrer Mitteilung, zu bösen „Etiketten" werden, die die Patienten abstempeln und eine Kluft zwischen ihnen und den andern schaffen, das hängt von der Qualität dieser Begriffe und von der Sorgfalt ab, mit der sie benutzt werden. Dass eine Psychiatrie ohne solche Begriffe menschlicher oder therapeutischer wäre als eine Psychiatrie, die diese Begriffe verantwortungsvoll benutzt, ist eine Behauptung, deren Beweis schwer zu erbringen sein dürfte.

Jedenfalls haben die Erfahrungen, die diesem Buche zugrunde liegen, mir gezeigt, dass die Kenntnis psychopathologischer Begriffe von den allermeisten Menschen, die mit Psychiatrie zu tun haben, als hilfreich, und von sehr vielen als unerlässlich empfunden werden.

Ich habe Psychopathologie und Psychiatrie seit zehn Jahren bei Psychiatrieschwestern und -pflegern und seit sechs Jahren bei Tiefenpsychologen unterrichtet, und zwar an der „Südhalde", Schule für psychiatrische Krankenpflege, und am C.G. Jung-Institut, beide in Zürich.

Meinen Hörern an diesen beiden Instituten verdanke ich vieles, was in dieses Buch eingegangen ist; vor allem aber die immer wieder von ihnen bestätigte Überzeugung, dass man, wenn man seelisch gestörten Menschen helfen möchte, die Psychopathologie gut gebrauchen kann.

Noch einige Bemerkungen zum Aufbau des Buches.

Die Beschreibung psychopathologischer Phänomene setzt ein Mindestmass an psychologischen Grundkenntnissen voraus. Man kann nicht die Störungen des Bewusstseins, des Denkens, des Gedächtnisses und so weiter beschreiben, wenn man nicht zuvor erläutert, was man unter Bewusstsein, Denken, Gedächtnis und so weiter versteht.

Um das zu tun, genügen aber nach meiner Erfahrung knappe psychologische Definitionen nicht, sondern mir scheint, dass die Störungen der psychischen Funktionen und Kräfte umso besser verstanden werden, je lebendiger die ungestörten beschrieben wurden.

Deswegen enthält dieses Buch eine einigermassen ausführliche, rein beschreibende Darstellung der psychischen Funktionen und Kräfte, der sich die Darstellung von deren Störungen jeweils erst anschliesst.

Im Text wird immer wieder darauf hingewiesen, aber es sei auch hier schon vorausgeschickt, dass die zugrunde liegende Unterteilung in einzelne Funktionen nicht bedeuten soll, dass die Seele als eine Summe von unabhängigen Teilen aufzufassen wäre; vielmehr folgt diese Einteilung nur der Notwendigkeit, eine ebenso untrennbare wie unübersehbare Ganzheit dadurch wenigstens bruchstückhaft mitteilbar zu machen, dass man sie künstlich und unter Opferung ihrer Lebendigkeit in Teile zerlegt.

Die psychologischen Abschnitte sind möglichst so gehalten, dass sie nicht isoliert dastehen, sondern dass sie die psychopathologischen vorbereiten; deswegen beschränken sie sich auch weitgehend auf das, was diese zu ihrem Verständnis erfordern.

Die psychopathologischen Abschnitte sollen nur das wiedergeben, was die „klassische" Psychopathologie an gesicherten und heute gebräuchlichen Grundbegriffen enthält. Gewiss brauchen wir Erweiterungen dieser herkömmlichen Psychopathologie in vielen Richtungen: eine tiefenpsychologische Psychopathologie, eine soziologische, eine ethologische, eine biologische, eine entwicklungspsychologische ... und so weiter. Aber bevor es möglich ist, solche speziellen Psychopathologien (oder gar ihre Zusammenfassung zu einem Ganzen) vorzulegen, schien es geraten, nochmals die „auf das wirkliche bewusste psychische Geschehen" beschränkte phänomenologische Psychopathologie, wie sie von JASPERS geschaffen wurde, in allgemeinverständlicher Form zusammenzufassen.

Den psychopathologischen Abschnitten folgen jeweils ganz knappe Hinweise auf die Psychiatrie, in denen nur angedeutet werden soll, in welchen psychiatrischen Krankheitsbildern die beschriebenen Symptome und Syndrome hauptsächlich anzutreffen sind. Diese Hinweise richten sich nur an solche Leser, die bereits Kenntnisse der Psychiatrie besitzen.

Der Leser wird verhältnismässig viele Zitate finden. Das hat zweierlei Gründe: zum einen will ich damit zum Ausdruck bringen, dass ich an vielen Stellen nur zusammenfasse, was andere vor mir geschrieben haben, zum andern will ich mit der angeführten Literatur (die am Schluss des Buches alphabetisch verzeichnet ist) zur weiteren, spezielleren Lektüre anregen.

Ich habe mich bemüht, nicht in störender Weise merken zu lassen, dass ich als Tiefenpsychologe der Schule von CARL GUSTAV JUNG angehöre, obgleich ich das doch nicht ganz verbergen wollte; aber ich habe mich stets an JASPERS' Mahnung erinnert: „Der Kampf mit den eigenen Fanatismen – denn wer neigte nicht selbst dazu – ist Bedingung, ein Ganzes zu entwerfen, sofern dieses wirklich aus der Idee des Ganzen und nicht aus einer Verabsolutierung geboren werden möchte."[4]

Das dürfte auch für ein bescheidenes Ganzes Geltung behalten.

Herrliberg bei Zürich, im Februar 1975          HELMUT BARZ

[4] K. JASPERS, Allgemeine Psychopathologie, 8. Aufl. Berlin/Heidelberg/New York 1965, S. 30.

# Vorwort zur zweiten Auflage

Dass dieses Büchlein ein Jahr nach seinem Erscheinen in einem unveränderten ersten Nachdruck erschien und jetzt, nach weiteren vier Jahren, in einer zweiten Auflage herauskommen kann, erfüllt mich mit Befriedigung. Zwar gilt diese Befriedigung auch dem persönlichen Ehrgeiz, ohne den kein Autor ein Buch verfassen würde, aber sie bezieht sich noch mehr auf die Bestätigung der Grundauffassung, von der dieses Büchlein getragen ist: dass nämlich die "klassische" Psychopathologie auch heute noch lesens- und lernenswert sei.

Wenn mich meine Eindrücke nicht täuschen, ist die Wertschätzung einer klaren psychopathologischen Terminologie (und darauf aufbauend: einer differenzierten psychiatrischen Diagnostik) inzwischen wieder so selbstverständlich geworden, dass der aggressiv-apologetische Stil meines Vorwortes zur ersten Auflage mir selbst unzeitgemäss erscheint. Dass man die hier vorgetragene Auffassung der Psychopathologie heute viel weniger heftig zu verteidigen hätte als vor sechs Jahren, scheint mir ein Hinweis auf die vernünftige — aber durchaus nicht nur restaurative — Entwicklung zu sein, die die Psychiatrie in den letzten Jahren genommen hat.

Diese zweite Auflage ist "durchgesehen". Bei der Durchsicht konnte ich einige Druckfehler — auf die mich ebenso freundliche wie genaue Leser hingewiesen hatten — verbessern und einige inhaltliche Korrekturen vornehmen. Zu grundlegenden Änderungen sah ich jedoch keinen Anlass; zu möglichen — und wünschenswerten — Erweiterungen fehlt es mir an Zeit.

Herrliberg bei Zürich                    Helmut Barz
im Februar 1981

# I. Das Bewusstsein und seine Störungen

## Das Bewusstsein

Es ist nicht besonders schwierig, jene pathologischen Zustände zu beschreiben, die man als „Bewusstseinsstörungen" bezeichnet. Das liegt daran, dass von Störungen immer nur Teile dessen betroffen sind, was man in der Psychologie mit dem sehr umfassenden Begriff „Bewusstsein" bezeichnet.

Versucht man dagegen, diesen Begriff in seiner ungestörten Ganzheit zu erfassen, so gerät man in Schwierigkeiten.

Zunächst ist festzustellen, dass Bewusstsein oder Bewusstheit nicht eine Funktion oder ein Teilaspekt der Seele ist, sondern dass mit diesen Wörtern eine grundlegende Qualität oder Beschaffenheit des seelischen Lebens bezeichnet wird. Und zwar jene Beschaffenheit, die mir zu sagen erlaubt: Ich weiss, dass ich jetzt lebe und erlebe. So allgemein ausgedrückt, klingt das verhältnismässig einfach, es wird aber sogleich kompliziert, wenn ich diese allgemeine Aussage mit aktuellem Inhalt fülle. Was weiss ich denn von meinem augenblicklichen Erleben?

Ich weiss, dass ich am Schreibtisch sitze, dass ich abwechselnd nachdenke und das Gedachte aufschreibe. Ich weiss, dass ich irgendwo in mir ungefähr weiss, was „Bewusstsein" ist, und dass ich dabei bin zu versuchen, dieses ungefähre Wissen in Worte zu bringen. Dabei bemerke ich, dass ich undeutlicher, sozusagen mehr im Hintergrund, auch noch weiss, was verschiedene andere Männer bereits über das Bewusstsein geschrieben haben, und ich weiss genau, wo ich die Bücher stehen habe, in denen ich das nachlesen kann. Ich weiss ja überhaupt, wo ich mich befinde, welche Dinge mich umgeben, und wozu sie dienen. Ich weiss plötzlich, dass ich Zahnschmerzen habe, und ich weiss einen Augenblick lang scheinbar nur das. Während ich das alles schrieb, rauchte ich meine Pfeife. Eben noch wusste ich das nicht, weil ich nur die Zahnschmerzen wusste, jetzt weiss ich es wieder, weil die Pfeife nicht mehr brennt. Ich weiss, dass ich die Pfeife gleich wieder anzünden werde; nein, ich kann es auch lassen, um vorher das eben Geschriebene nochmals zu lesen. Während ich es eben las, versuchte ich, mir einen zukünftigen Leser vorzustellen. Wird er bemerken, dass ich mit all diesen Sätzen versuche, mein augenblickliches Bewusstsein darzustellen? Kann denn ein Bewusstseinszustand mitgeteilt werden? Ich weiss nur eines genau: dass ich dies alles denke, fühle, wahrnehme, schreibe, voraussehe – alles nacheinander, immer nur eins zur Zeit *deutlich*. In abnehmenden Graden von Deutlichkeit allerdings auch noch vieles andere: dass vor einiger Zeit mein Hund bellte, dass die vorüberziehenden Wolken das Sonnenlicht bald heller, bald dunkler auf mein Papier fallen liessen, dass ich eigentlich auch schon immer an „das Unbewusste" denke, dass ich bald zu Mittag essen möchte, dass ich den Stuhl zu niedrig finde.

All das ist aber nicht mein Bewusstsein selbst, sondern es sind meine „Bewusstseinsinhalte". Erst die Tatsache, dass ich um sie weiss, also nicht der Inhalt, sondern der Zustand des Wissens, ist das, was wir Bewusstsein nennen. Bewusstsein an sich, als etwas Isolierbares, gibt es also nicht, sondern es gibt immer nur Bewusstsein von etwas.

An dieser Stelle ist ein Bild von JASPERS[1] hilfreich, der das Bewusstsein einer Bühne vergleicht, „auf der die einzelnen seelischen Phänomene kommen und gehen". Dieses Bild lässt sich auch noch insofern weiter verwenden, als die Bühne des Bewusstseins bald mehr, bald weniger erleuchtet sein kann, worauf wir, im Zusammenhang mit dem Begriff „Bewusstseinsklarheit", gleich noch kommen werden.

Allerdings findet das Bühnen-Bild rasch seine Grenze, wenn wir – immer noch JASPERS folgend – eine Unterscheidung von zwei verschiedenen Bewusstseinsarten mitmachen wollen, die in der Tat für die Psychopathologie sehr nützlich ist: die Unterscheidung von *Gegenstandsbewusstsein und Ichbewusstsein*[2]. Das Gegenstandsbewusstsein sagt mir, dass ich um das weiss, was mir gegenübersteht – sei es als Bestandteil der Aussenwelt, sei es als

[1] KARL JASPERS, Allgemeine Psychopathologie, 8. Aufl. Berlin 1965, S. 115.
[2] a.a.O., S. 51ff. und 101ff.

18

eine Wahrnehmung meines Inneren. Alle Bewusstseinsinhalte, die ich oben aufzählte, waren Bestandteile des Gegenstandsbewusstseins.

Das *Ichbewusstsein* dagegen hat nur einen einzigen Inhalt: es ist das Wissen des Bewusstseins um sich selbst. Es lohnt sich, den Versuch zu unternehmen, diese abstrakte Aussage konkret zu erfassen; man muss dazu allerdings nicht nur Gedanken nachdenken, sondern man muss die Erfahrung mitmachen, die sich höchst unvollkommen in diesen Gedanken darzustellen versucht.

Wenn ich sage: ich weiss, dass ich der und der bin, ich weiss, was ich gerade tue, ich weiss, was ich wahrnehme, ich weiss, was ich mir vorstelle ... und so weiter und so weiter, dann mache ich mir die Inhalte meines Gegenstandsbewusstseins klar.

Ich kann aber auch die Erfahrung machen: ich weiss, dass ich bin. Ich weiss, dass *ich* erlebe, dass *ich* wahrnehme und denke; ja, ich weiss, dass ich es bin, der weiss, dass ich bin. Oder, eben mit psychologischen Begriffen: ich bin mir nicht nur dessen bewusst, dass und was ich erlebe, sondern ich bin mir auch meines Bewusstseins bewusst.

Dieses Ichbewusstsein — man kann es auch „Icherlebnis" oder „Reflexives Bewusstsein" nennen — ist nun nicht mehr Bühne für irgendwelche „Gegenstände", sondern es wäre höchstens, wenn man es annähernd bildlich fassen will, einer Hohlkugel zu vergleichen, deren gesamte Innenfläche spiegelnd ist, und die in ihrem Zentrum eine punktförmige Lichtquelle enthält, so dass dieses Licht nur unendlich sich selber spiegelt.

Man sieht: das Ichbewusstsein ist etwas sehr Kompliziertes, und wenn man den Eindruck gewinnen sollte, dass das Nachsinnen darüber leicht in mystische Bereiche führen könnte, so hat man nicht unrecht.

Auch müssen wir dem Psychologen ROHRACHER uneingeschränkt zustimmen, wenn er schreibt: „Mit dem ‚Ich' hat sich die Psychologie seit jeher sehr schwer getan; weitaus das meiste, was über ‚Ichbewusstsein', ‚Ichgefühl', ‚Ich und Du' usw. geschrieben wurde, ist nichts als ein höchst unklares Herumreden."[3], und

---

[3] HUBERT ROHRACHER, Einführung in die Psychologie, Wien 1971[10], S. 404.

wir wollen von diesem letzten Urteil unsere eigenen Darlegungen keineswegs ausnehmen.

Dennoch ist der Begriff Ichbewusstsein für die praktischen Zwecke der Psychopathologie genauso wichtig wie der einfachere Begriff des Gegenstandsbewusstseins. Denn die Störungen des Ichbewusstseins spielen in der Psychopathologie eine bedeutende Rolle, wie wir später sehen werden. Zunächst wollen wir uns aber nochmals zum Gegenstandsbewusstsein zurückwenden.

Wir sagten vorhin, dass die Bühne, mit der man das (Gegenstands-)Bewusstsein vergleichen kann, verschieden stark erleuchtet sei, und dass man diese verschiedenen Helligkeitsgrade des Bewusstseins als verschiedene Grade der „Bewusstseinsklarheit" bezeichnet. Der Begriff „Bewusstseinsklarheit" ist nun wieder für die Psychopathologie besonders wichtig, und wir wollen ihn deswegen noch etwas näher erläutern.

Das Bewusstsein ist keine gleichbleibende Qualität des seelischen Lebens. Ungefähr ein Drittel unserer Lebenszeit verbringen wir schlafend, und es steht ausserhalb jeden Zweifels, dass wir im Schlaf mindestens nicht dasselbe Bewusstsein haben wie im Wachen.

Alles, was bisher über das Bewusstsein gesagt wurde, gilt vom Bewusstsein, das wir im wachen Zustand erleben. Zwar kann man nicht einfach sagen, dass der Schlafende ohne Bewusstsein sei; diese Vergröberung wird allein schon durch das Vorkommen von Träumen widerlegt und wird vollends unhaltbar durch die Ergebnisse der experimentellen (elektroencephalographischen) Schlaf- und Traumforschung. Aber über das hypothetische „Schlafbewusstsein" wissen wir noch so wenig, dass wir uns in unseren psychologischen Aussagen auf das „Wachbewusstsein" beschränken müssen.

Von diesem weiss nun aber jeder, der sich selbst auch nur ein wenig beobachtet, dass es starken Schwankungen unterworfen ist. Am deutlichsten erlebt man beim Einschlafen, wie das Wachbewusstsein sich allmählich eintrübt, immer verschwommener wird und schliesslich erlischt. Auch kann man an sich selbst erfahren, dass das Bewusstsein im Traum gewissermassen in einem veränderten Aggregatzustand wieder aufersteht, um schliesslich beim

20

Erwachen, manchmal abrupt, manchmal fliessend, wieder in den Wachzustand zurückzukehren.

Aber auch im Wachen ist das Bewusstsein nicht immer gleich klar. Man kann über ein hellwaches Gegenstandsbewusstsein verfügen, das man gezielt und fast ausschliesslich dem Gegenstande seiner Wahl zulenkt; ein Vermögen, das wir als *„Aufmerksamkeit"* bezeichnen wollen. Oder man kann sich in einem Zustande der benommenen Dösigkeit befinden, in dem man die Inhalte (oder Gegenstände) seines Bewusstseins weder präzise wählt noch sehr deutlich erkennt.

Aber nicht nur im zeitlichen Längsschnitt wechselt die Bewusstseinsklarheit, sondern auch im Querschnitt durch eine momentane Bewusstseinslage lassen sich verschieden helle Bewusstseinsfelder andeutungsweise voneinander unterscheiden. Hier können wir mit Nutzen wieder auf das Bild von der Bühne des Gegenstandsbewusstseins zurückgreifen. Die Beleuchtung einer Bühne (die in unserem Bilde der Bewusstseinsklarheit entspricht) kann verschiedenen Zwecken dienen. Im einen Extremfalle kann ein einziger Scheinwerfer eine einzige Gestalt auf der Bühne anstrahlen und verfolgen, dann konzentriert sich die Aufmerksamkeit der Zuschauer notwendig auf diese eine Gestalt. Im anderen Falle kann die ganze Bühne voll ausgeleuchtet und mit vielen Gestalten und Requisiten erfüllt sein, dann werden die Zuschauer die Einzelheiten weniger genau registrieren, dafür aber einen vielfältigen Gesamteindruck erhalten. Zwischen diesen Extremfällen liegen mannigfaltige Möglichkeiten, die Beleuchtung abzustufen: grösste Helligkeit im Zentrum, zu den Rändern hin abnehmend; Helligkeit in der Peripherie, im Zentrum Halbdunkel usw.

Sehr ähnlich verhält es sich mit der Bewusstseinsklarheit in bezug auf die Gegenstände des Bewusstseins. Bei äusserst angespannter Aufmerksamkeit ist das Bewusstsein punktuell auf einen einzigen Gegenstand gerichtet, während alles, was darum herumliegt, im Dunkeln bleibt. Solche Zustände äusserst konzentrierter Bewusstseinsklarheit sind, wenn sie sich auf geistige Gegenstände beziehen, nur durch Übung und wohl kaum für jedermann erreichbar. Man trifft sie zum Beispiel bei Musizierenden an, bei Schachspielern oder bei Menschen, die in der Meditation geübt

21

sind. Als elementare Zustände kennt sie dagegen jeder: ein starker körperlicher Schmerz ebenso wie etwa der Orgasmus können das Gegenstandsbewusstsein auf einen einzigen Punkt zusammenziehen.

Die durchschnittliche Bewusstseinslage ist am ehesten einer Bühne vergleichbar, auf der wenige Hauptfiguren hell erleuchtet sind, während die Gestalten zum Rande hin immer mehr im Schatten verschwimmen. Mit anderen Worten: das alltägliche Wachbewusstsein enthält immer nur wenige Gegenstände zu gleicher Zeit in voller Klarheit, während sich konzentrisch andere Inhalte in abnehmender Bewusstheit darum herum lagern. Während ich also etwa mit einem Menschen spreche, ist mir dieser Mensch und der Inhalt unseres Gespräches voll bewusst gegenwärtig. Mehr am Rande ist mir auch noch bewusst, wo wir uns befinden und welche Tageszeit wir etwa haben. Noch mehr zum Rande hin sind mir die Umgangsformen bewusst, die mich etwa veranlassen, ein Gähnen zu unterdrücken. Und ganz im Hintergrund dämmert in meinem Bewusstsein vielleicht der Wunsch, irgendwo ganz anders als in diesem Zimmer und bei diesem Menschen zu sein.

So kann man sagen, dass das Gegenstandsbewusstsein im Normalfalle eine gewisse ,,Weite" besitzt, und die Psychopathologie spricht in diesem Zusammenhang von pathologischen ,,Einengungen" des Bewusstseinsfeldes, worauf wir später noch kommen werden.

Wir können unseren unvollständigen Überblick über einige normal-psychologische Aspekte des komplexen Begriffes ,,Bewusstsein" noch nicht abschliessen, ohne wenigstens ganz kurz darauf hinzuweisen, wie stark diese Qualität des seelischen Lebens mit sämtlichen seelischen Teilfunktionen verknüpft ist. Zunächst ist klar, dass mir meine eigenen seelischen Regungen nur unter der Voraussetzung direkt zugänglich sind, dass sie mit der Qualität der Bewusstheit einhergehen, eine Tatsache, die viele Psychologen und Psychiater veranlasst, den Begriff ,,das Unbewusste" überhaupt für überflüssig zu halten und ,,das Seelische" mit ,,dem Bewussten" gleichzusetzen.[4]

[4] z. B. ,,Psychologie ist die Wissenschaft von den bewussten Vorgängen und Zuständen". ROHRACHER, a. a. O. S. 2.

Sodann ist aber auch das Umgekehrte deutlich: ohne das Vorhandensein von „Gegenständen" ist ein Gegenstandsbewusstsein[5] nicht denkbar – und diese Gegenstände können nur von den verschiedenen seelischen Teilfunktionen geliefert werden. Also beispielsweise: durch die Wahrnehmung wird mir meine Umgebung bewusst, durch die Erinnerungsfähigkeit kann ich mir Vergangenes, durch das Denken den Begriff „Bewusstsein" bewusst machen – und so weiter.

Das Bewusstsein ist eben, wie wir schon sagten, nicht ein Teil oder eine Funktion der Seele, sondern eine seelische Grundbeschaffenheit.

## Der psychopathologische Bewusstseinsbegriff

Wir sagten am Anfang des vorigen Kapitels, dass die Störungen des Bewusstseins deswegen einfacher zu beschreiben seien als das Bewusstsein selbst, weil von den Störungen immer nur Teile des grossen Ganzen betroffen seien, das mit dem Begriff „Bewusstsein" gemeint ist.

Deswegen können wir auch eine einigermassen übersichtliche Beschreibung geben von dem, was *im Rahmen der Psychopathologie* unter Bewusstsein verstanden, beziehungsweise dem Bewusstsein zugerechnet wird; diese Aufzählung enthält eben nur jene Ausschnitte aus dem psychologischen Bewusstseinsbegriff, die zur Beschreibung von Störungen nötig sind.

In der Psychopathologie (und Psychiatrie) versteht man unter Bewusstsein zunächst einmal *Wachheit*, weswegen man auch häufig vom *„Wachbewusstsein"* (und weniger vom „Gegenstandsbe-

---

[5] Die Frage, ob das Ichbewusstsein im selben Masse wie das Gegenstandsbewusstsein von den übrigen seelischen Funktionen abhängt, können wir nur am Rande streifen und nicht eindeutig beantworten. Einerseits setzt die Erfahrung „Ich" immer das Wissen um „Nicht-Ich" voraus, anderseits gibt es aber – abgesehen von mystischen Erfahrungen – manchen Menschen bekannte Zustände zwischen Schlafen und Wachen, in denen möglicherweise reines Ichbewusstsein, gänzlich unabhängig vom Gegenstandsbewusstsein und damit von allen psychischen Teilfunktionen, erfahren wird.

wusstsein") spricht. Sodann gehört zum intakten Bewusstsein (als dessen Indikator) die volle *Orientiertheit*, das heisst das Wissen um die eigenen Personalien, um Zeit und Ort. Weiter schliesst ein nicht beeinträchtigtes Bewusstsein die Fähigkeit zur *Aufmerksamkeit* ein, wobei wir unter Aufmerksamkeit in absichtlicher Vereinfachung (und im Gegensatz zu anderen Autoren) nur die Fähigkeit verstehen wollen, das Zentrum des klaren Bewusstseins gezielt den Gegenständen der jeweiligen Wahl zuzuwenden[6]. Und endlich ist ein in seinem Bewusstsein nicht gestörter Mensch *besonnen*, das heisst, er ist in der Lage, Wahrnehmungen, Gedanken und Gefühle deutlich und realitätsgerecht zu erleben und – nach Massgabe seiner Intelligenz – demgemäss zu handeln.

Von diesem Wachbewusstsein muss auch die Psychopathologie das *Ichbewusstsein* deutlich abheben, denn es gibt Störungen des letzteren, die ohne Störungen des Wachbewusstseins einhergehen.

Das Ichbewusstsein ist auch hier das Wissen des Ich um sich selbst. Es ist nützlich, in Anlehung an JASPERS vier formale Merkmale des Ichbewusstseins zu unterscheiden:

1) *die Aktivität des Ich*, das heisst die fast nie reflektierte, aber immer vorhandene Überzeugung des Ich, aktiv das Leben zu leben. Ich denke, ich friere, ich liebe, ich fürchte ... und so weiter. Auch dann, wenn mir in Wirklichkeit etwas zustösst, was ich gar nicht von mir aus tue, erlebe ich es als eine aktive Leistung meines Ich.

2) *die Einheit des Ich.* Das ist die für den Gesunden selbstverständliche Gewissheit, dass ich ein unteilbares Ganzes bin, das zwar Gegensatzspannungen in sich enthält, das aber doch niemals in mehrere voneinander unabhängige Ich-Teile zerfallen kann.

3) *die Identität oder Kontinuität des Ich.* Damit ist die im Grunde genommen erstaunliche Tatsache gemeint, dass das Ich ein ganzes Leben lang trotz aller körperlichen und seelischen Wandlungen dasselbe bleibt, und dass ich, wenn ich gleich einschla-

[6] Vgl. JASPERS, a.a.O., S. 115 sowie S. 117ff.

fen und mein Ichbewusstsein scheinbar verlieren werde, doch morgen früh wieder als „ich" erwachen werde.

4) *die Selbständigkeit des Ich.* Das Ichbewusstsein enthält das Wissen darum, dass ich nicht jemand oder etwas *anderes* bin als ich selbst. Es bewirkt, dass ich mich immer der Welt gegenüber sehe — als etwas Selbständiges und Selbstverständliches.

### Die Bewusstseinsstörungen

#### *1. Die Störungen des Wachbewusstseins*

Wir erinnern uns: Zum Wachbewusstsein gehören die Eigenschaften: Wachheit, Orientiertheit, Aufmerksamkeit, Besonnenheit.

Wenn vor allem der Grad der Wachheit in einer pathologischen Weise verändert ist, spricht man von

#### *a) quantitativen Bewusstseinsstörungen*

oder auch von einer „Einschränkung" des Bewusstseins. Der leichteste Grad einer solchen Bewusstseinseinschränkung ist die *Benommenheit.* Der Benommene reagiert schwächer und verzögert auf Umweltreize; er ist in seinem Denken verlangsamt und hat Mühe, den Zusammenhang des Denkens zu bewahren. Seine Aufmerksamkeit ist herabgesetzt, während Orientierung und Besonnenheit noch voll erhalten sind.

Der nächstschwere Grad einer quantitativen Bewusstseinsstörung ist die *Somnolenz.* Im Gegensatz zum nur Benommenen ist der Somnolente auch in seiner Orientierung leicht gestört, und seine veränderte Psychomotorik lässt ihn meistens sofort als „schlaftrunken" erkennen.

Benommenheit und Somnolenz sind Zonen der Schlaf-Wach-Skala, die jeder beim Einschlafen kurz durchläuft. Man sollte jedoch einen schwer ermüdeten Menschen, der kurz vor dem Einschlafen ist, nicht als „somnolent" bezeichnen, denn diese Bezeichnung gehört in die Psychopathologie und ist solchen Zuständen vorbehalten, die abnorm sind (was man ja von einer begründeten auch noch so tiefen Müdigkeit nicht sagen kann).

So ist natürlich auch der Schlaf nicht als „Störung" des Wachbewusstseins aufzufassen, sondern im Gegenteil als dessen notwendige physiologische Unterbrechung. – Allerdings gehört es zum „normalen" Schlaf, dass der Schlafende jederzeit durch mässige Reize (deren notwendige Stärke individuell allerdings variiert) weckbar ist und innerhalb kurzer Zeit zum vollen Wachbewusstsein kommt.

Ist ein Schlaf abnorm tief, das heisst: gelingt es nur durch sehr starkes Schütteln, Kneifen, Rufen oder ähnliche heftige Reize, und auch dann nur vorübergehend, den Schläfer zu wecken, dann bezeichnet man diesen pathologischen Tiefschlaf als *Sopor*. Der aus dem Sopor Auftauchende kommt nicht zum klaren Bewusstsein, macht eventuell nur Abwehrbewegungen, lallt einige Silben und versinkt dann wieder.

Im *Koma*, der eigentlichen „Bewusstlosigkeit", ist der Patient überhaupt nicht mehr weckbar; je nach der Tiefe des Komas sind auch die Reflexe abgeschwächt oder gänzlich erloschen; oft sind auch Atmung und Kreislauf in Mitleidenschaft gezogen.

Während die bisher genannten quantitativen Bewusstseinsstörungen durch eine Herabsetzung der Wachheit gekennzeichnet waren, gibt es auch eine pathologische Veränderung des Bewusstseins, die aus einem Zuviel an Wachheit resultiert: *die Hypervigilität oder „Überwachtheit".*

In leichterer Form kann man diesen Zustand z.B. kennenlernen, wenn man sich nach einer durchwachten Nacht am nächsten Morgen plötzlich nicht müde, sondern besonders wach erlebt. Die Sinneseindrücke können dann besonders klar oder sogar scharf sein, das Denken wird eigentümlich leicht und schwebend, die Aufmerksamkeit kann unter Umständen in einer quälenden Weise erhöht und verselbständigt sein, so dass man leicht überreizt wird und auch affektiv übermässig ansprechbar ist. Die unter Umständen beglückende Intensität dieses überhellen Bewusstseinszustandes kann umso leichter ins Quälende umschlagen, als sie häufig von körperlicher Erschöpfung begleitet ist, aber meistens das Einschlafen verhindert.

Schwerere Formen von Hypervigilität sind bei manischen Patienten zu beobachten und spielen in der Psychiatrie ausserdem von jeher eine gewisse untergeordnete Rolle als Begleitsyndrom verschiedener Vergiftungen. In diesem Zusammenhang hat das Hypervigilitäts-Syndrom in den letzten Jahren eine unheimliche Aktualität bekommen: die von den Befürwortern des Drogenkonsums zu dessen Rechtfertigung so hoch gepriesene „Bewusstseinserweiterung" ist in vielen Fällen nicht mehr als eine durch die Intoxikation herbeigeführte Hypervigilität; also nicht eine „Erweiterung" des Bewusstseins, sondern lediglich eine Übersteigerung der Wachheit, deren Preis noch nicht bekannt ist.

## b) Die qualitativen Bewusstseinsstörungen

Wir sind dabei, die Störungen des Wachbewusstseins zu besprechen und haben bisher jene aufgezählt, bei denen es sich um eine *Verminderung* (bzw. Vermehrung) der Wachheit handelt.

Jetzt wenden wir uns jenen Störungen zu, die durch eine *Veränderung* des Bewusstseins gekennzeichnet sind. Von dieser Veränderung ist nicht die Wachheit betroffen, sondern die Veränderung bezieht sich auf die anderen Bestandteile des Wachbewusstseins, die wir früher nannten: auf die Orientierung, die Aufmerksamkeit und die Besonnenheit.

Wir haben hier drei Syndrome zu nennen:

das amentielle Syndrom
das delirante Syndrom und
die Dämmerzustände.

## Das amentielle Syndrom oder der Verwirrtheitszustand

Es ist vorauszuschicken, dass die Wörter „Amentia" oder „Verwirrtheit" häufig auch zur Bezeichnung einer Denkstörung verwendet werden, wobei dann wenig oder gar nicht an eine Störung des Bewusstseins gedacht wird.

Demgegenüber bezeichnen die Ausdrücke „amentielles Syndrom" oder „Verwirrtheitszustand" immer eine Bewusstseinsstörung, bei der die Besonnenheit und die Orientierung gestört

27

sind, was dann sekundär eine Verwirrung des Denkens zur Folge hat. Man sollte an solchen Mehrdeutigkeiten psychopathologischer Begriffe nicht Anstoss nehmen, sondern durch sie die Einsicht bekräftigen lassen, dass in der Seele alles mit allem zusammenhängt, bzw. dass unsere Unterscheidungen eben künstlich sind.

Patienten im Verwirrtheitszustand können hellwach, oft sogar erregt sein. Nicht ihr Bewusstsein als Wachheit ist herabgesetzt, sondern ihr Bewusstsein als Besonnenheit ist getrübt. Sie sind über Zeit und Ort (selten auch über sich selbst) mangelhaft oder falsch orientiert, sie nehmen die Umwelt ungenau oder verändert wahr, sie verlieren den Zusammenhang ihres Denkens (ihr Denken wird eben „verwirrt" oder „amentiell" bzw. „inkohärent"), sie fühlen sich in dieser Lage eines getrübten Bewusstseins verständlicherweise ratlos, unsicher, oft in unbestimmter Weise bedroht.

*Das delirante Syndrom*

stellt zunächst eine Verschlimmerung des amentiellen Syndroms durch noch tiefere Bewusstseinstrübung dar. Verwirrung und Desorientiertheit sind noch stärker ausgeprägt, es bestehen meist erhebliche motorische Unruhe und schreckhafte Ängstlichkeit.

Ausschlaggebend aber ist für das delirante Syndrom das Hinzutreten von Halluzinationen und Wahnideen. Die Halluzinationen sind meist optische Halluzinationen, die Wahnbildungen oft von besonders phantastischer, realitätsferner Art. Besonders beim Alkohol-Delir (gelegentlich aber auch bei deliranten Zuständen anderer Ursachen) ist eine merkwürdige Suggestibilität der Patienten zu beobachten: man kann ihnen einerseits Halluzinationen und Wahnideen geradezu einreden, während man sie andererseits manchmal aus ihrer veränderten Welt dadurch — vorübergehend — herausreissen kann, dass man ihre Aufmerksamkeit für die Realität erzwingt (was beides etwa bei Halluzinationen und Wahnideen im Dämmerzustand oder bei schizophrenen Patienten unmöglich ist).

*Die Dämmerzustände*

stellen diejenigen qualitativen Bewusstseinsstörungen dar, die am schwersten zu verstehen und zu beschreiben sind. Während bei den quantitativen Bewusstseinsstörungen der Grad der Wachheit verändert ist, und während die bisher besprochenen qualitativen vor allem eine Trübung der Bewusstseinsklarheit oder Besonnenheit bedeuteten, ist bei den Dämmerzuständen das Bewusstsein vor allem *„eingeengt"*. Um diesen für die Charakterisierung der Dämmerzustände gebräuchlichsten Ausdruck zu verstehen, müssen wir uns an das erinnern, was wir früher (S. 22) von der normalen „Weite" des Bewusstseinsfeldes sagten.

Wenn auch im Zentrum des Gegenstandsbewusstseins jeweils nur ganz wenige Gegenstände im Licht der vollen Aufmerksamkeit stehen, so lagern sich doch um dieses Zentrum herum Kreise von abnehmender Bewusstseinsklarheit, deren Gegenstände oder Inhalte immerhin ständig auf den augenblicklichen Bewusstseinszustand mit einwirken. Auch ist die Aufmerksamkeit im normalen Bewusstseinszustand nicht starr auf das Zentrum fixiert, sondern jederzeit für periphere Bewusstseinsbereiche oder auch für völlig neue Gegenstände verfügbar, sofern diese eine genügend grosse Intensität oder Wichtigkeit erlangen.

Diesem normalen Bewusstseinszustand, der — unter anderem — durch die Weite des Bewusstseinsfeldes und die lockere Verfügbarkeit der Aufmerksamkeit gekennzeichnet ist, steht der Dämmerzustand als etwas Deformiertes gegenüber: das Gegenstandsbewusstsein ist auf wenige Gedanken oder Wahnideen, Wahrnehmungen oder Halluzinationen, Vorstellungen oder Triebziele zusammengeschrumpft, die Aufmerksamkeit ist ausschliesslich für sie verfügbar, und alles, was an sonstigen Gedanken, Gefühlen, Hemmungen, Rücksichten oder anderen Beziehungsmöglichkeiten *ausserhalb* dieses engen Feldes liegt, ist aus dem peripheren Bewusstseinsfeld „ausgeblendet" und damit subjektiv nicht mehr existent.

Solche Dämmerzustände können sehr verschieden aussehen. Gemeinsam ist den allermeisten, dass sie akut beginnen. Aber schon die Dauer schwankt ausserordentlich: sie kann einige Stunden bis einige Tage betragen, kann in seltenen Fällen aber auch Wochen oder gar Monate umfassen.

29

Eine grobe Einteilung der Dämmerzustände erfolgt nach dem Kriterium, ob der Patient orientiert ist oder nicht.

*Im orientierten Dämmerzustand* kann der Patient für den flüchtigen Beobachter ganz unauffällig sein. Seine Orientierung in der Umwelt und seine formale Anpassung an sie sind ja in Ordnung. So kann er sich beispielsweise der Verkehrsmittel einschliesslich des selbst gesteuerten Autos fehlerlos bedienen, kann an seinem Arbeitsplatz routinemässige Arbeiten verrichten, kann Besuche machen, ins Restaurant gehen und so weiter. Er fällt seinen ferner stehenden Mitmenschen überhaupt nicht oder allenfalls dadurch auf, dass er abwesend oder „stur" oder unzugänglich ist. Hat man jedoch Gelegenheit, einen Menschen im orientierten Dämmerzustand eingehend zu sprechen, so bemerkt man bald seine Eingeengtheit. So fiel eine an Epilepsie leidende junge Frau den Schwestern in der Klinik zuerst nur durch ihre bis dahin ungewohnte Zurückgezogenheit und Einsilbigkeit auf; nach ein paar Tagen zusätzlich durch ihr ständiges verklärtes Lächeln. Gegen ein Gespräch mit dem Arzt sträubte sie sich nicht, aber es war unmöglich, einen Dialog mit ihr zu führen, weil sie Fragen überhaupt nicht auffasste. Nur mit grosser Vorsicht gelang es, sie zu einer Art Monolog zu bringen, aus dem man dann entnehmen konnte, dass sie sich zwar in der Klinik wusste, dass sie aber ständig die Gegenwart der Jungfrau Maria erlebte, anscheinend auch Worte und Musik vernahm und für sich selbst offensichtlich in jedem Augenblick die Himmelfahrt erwartete. Obgleich sie in der Klinik ihren gewohnten Tätigkeiten nachging und auch ihren Namen richtig angeben konnte, hatte sie doch keinerlei erkennbare Beziehung zu ihrer Umgebung und wusste offensichtlich auch nichts mehr über ihr Herkommen und ihre Vergangenheit.

Andere Patienten können in orientierten Dämmerzuständen von qualvollen Wahnideen oder Halluzinationen bedrängt sein, wieder andere können im Dämmerzustand aus einer scheinbar ganz geordneten seelischen Verfassung heraus unbegreifliche kriminelle Handlungen begehen.

Das Charakteristische an Dämmerzuständen ist aber nicht das, *was* erlebt wird, sondern ausschliesslich der Umstand, dass das Erlebte (sei es Reales, Wahnhaftes oder Halluziniertes) das einge-

30

engte Bewusstsein vollkommen ausfüllt, so dass für nichts anderes mehr „Platz" darinnen bleibt.

So hatten wir einen Mann zu begutachten, bei dem wir einen Dämmerzustand bei bis dahin unerkannter Epilepsie diagnostizierten. Dieser allseits geschätzte, als gutmütig und gewissenhaft bekannte Mann lebte seit drei Jahren in einer von seiner Frau und ihm selbst als „sehr glücklich" geschilderten, von keinerlei Spannungen belasteten Ehe. Am Abend eines Tages, an dem er seinen Arbeitskollegen lediglich „etwas komisch und stur" vorgekommen war, fuhr er seine Frau auf dem Motorroller in eine einsame Gegend, zwang sie dort, sich auszuziehen und liess sie dann, nachdem er sie in brutalster Weise geprügelt hatte, nackt allein zurück. Anschliessend suchte er mit seinem Fahrzeug ein weit entfernt gelegenes Restaurant auf, ass sein Nachtessen und fuhr nach Hause. Als er am nächsten Morgen erwachte, vermisste er seine Frau, benachrichtigte in grosser Sorge die Polizei und liess sie suchen – ohne sich im geringsten an das erinnern zu können, was er am Abend vorher getan hatte.

Damit erwähnen wir eine wichtige Begleiterscheinung der allermeisten Dämmerzustände: sie hinterlassen eine *Gedächtnislücke* (= „Amnesie", siehe S. 72) für die Zeit ihres Bestehens, das heisst: der Patient kann sich an das, was er im Dämmerzustand erlebte, hinterher überhaupt nicht mehr erinnern.

Das ist bei den desorientierten Dämmerzuständen, die wir gleich schildern werden, nicht besonders überraschend, wirkt aber nach orientierten Dämmerzuständen auf den Laien, der den Menschen in einem solchen Dämmerzustand doch als „ganz normal" erlebte, oft vollkommen unglaublich.

*Die desorientierten Dämmerzustände* dürfen mit Recht als eine Folge noch weitergehender Einengung des Bewusstseins aufgefasst werden: trotz erhaltener Wachheit sind nun – zusätzlich zur Besonnenheit und zur Fähigkeit der Aufmerksamkeit – auch noch jene Bereiche des Bewusstseins ganz oder teilweise ausgeblendet, die die Orientierung über die eigene Person, über Zeit und Ort erlauben.

Dadurch ist im allgemeinen auch die Beziehungsmöglichkeit zur Umwelt so weit reduziert, dass man mit dem Patienten so gut wie keinen Kontakt mehr herstellen kann, und dass er in jedem Falle sehr auffällig wird.

Dabei kann das Auffällige in höchster Erregung bestehen, in sinnlosen Gewalttaten oder planlosem Umherirren, oder aber auch in dumpfer Apathie, im reaktionslosen Stupor oder in völlig entrückter Glückseligkeit.

Manchmal kann man aus den Äusserungen solcher Patienten Schlüsse ziehen auf die ausserordentlichen oder auch ganz banalen Inhalte, von denen ihr Bewusstsein so ausschliesslich erfüllt ist; sehr oft aber weiss man überhaupt nicht, was in ihnen vorgeht.

Zum Schluss dieses Abschnittes wollen wir anhand des besonders geeigneten Beispiels der Dämmerzustände nochmals auf die Einschränkungen hinweisen, die gegenüber den psychopathologischen Benennungen angezeigt sind.

Einmal dürfte auch hier wieder aufgefallen sein, dass unter der Überschrift ,,Bewusstseinsstörungen" äusserst komplexe Veränderungen des seelischen Lebens behandelt werden, die keineswegs auf das Bewusstsein beschränkt sind.

Sodann ist es aber besonders wichtig, sich klarzumachen, wie begrenzt die Bedeutung eines Wortes wie ,,Dämmerzustand" ist, wenn man sie an dem misst, was sie bezeichnen soll. Denn die psychopathologische Benennung ist weder eine *Erklärung* des beobachteten Phänomens (sie sagt ja nicht einmal etwas über dessen Ursache aus), noch hilft sie uns, das Beobachtete in seiner Bedeutung auch nur annähernd zu *verstehen*. Sie ist lediglich ein Mittel der formalen, auf äusserer Beschreibung beruhenden *Verständigung* über das, was an Beobachtbarem hier vorliegt. Je deutlicher man sich über diese begrenzte Bedeutung der psychopathologischen Verständigungsmittel im klaren ist, desto grösser wird ihr objektiver Wert.

Wenn wir feststellen, dass der Mann, der seine Frau misshandelte, das ,,in einem Dämmerzustand" tat, sagen wir damit nur, dass er in einer Weise psychisch verändert war, die man auch aus anderen Fällen kennt, und zu deren Bezeichnung sich viele Psychiater auf diesen bestimmten Begriff geeinigt haben. Der Begriff löst bei denen, die ihn richtig verstehen, weitere Assoziationen aus, vor allem Überlegungen diagnostischer Art: welche Ursachen können einen Dämmerzustand zur Folge haben?, sodann aber auch die Annahme, dass der zu begutachtende Mann höchstwahrscheinlich vermindert oder gar nicht zurechnungsfähig war, und so weiter.

Aber über die sich aufdrängende Frage, was denn nun wohl in jenem Mann während des Dämmerzustandes vor sich ging, woher die erschreckenden Inhalte kamen, die sein (in diesem Falle: durch die Epilepsie) verändertes Bewusstsein erfüllten und ihn so handeln liessen wie er es tat: darüber will und kann der Begriff „Dämmerzustand" überhaupt keine Auskunft geben.

Das heisst natürlich nicht, dass solche Fragen den Psychiater nicht bewegten; aber er sucht ihre Beantwortung nicht bei der Psychopathologie, sondern bei der Tiefenpsychologie.

So zeigt sich etwa bei der tiefenpsychologischen Erforschung von Dämmerzuständen, dass die Patienten nicht irgendwelche „zufälligen" oder gar sinnlosen Erfahrungen machen, sondern dass das, was sie im Dämmerzustand erleben und tun, von unbewussten Komplexen her bedingt und geordnet ist. Trägt man der Erkenntnis Rechnung, dass im Dämmerzustand nicht nur etwas Negatives (= Einengung des Bewusstseins), sondern auch etwas Positives (= Überhandnehmen unbewusster Inhalte) vorliegt, so kann man die Dämmerzustände als eine „*systematische* Verfälschung der Situation"[7] bezeichnen.

*Blick auf die Psychiatrie*

Die quantitativen Störungen des Bewusstseins, also die pathologischen Verschiebungen auf der Wach-Schlaf-Skala: Benommenheit, Somnolenz, Sopor, Koma, Hypervigilität sind nahezu immer Begleitsymptome körperlicher Erkrankungen.

Von den qualitativen Störungen des Bewusstseins lassen das amentielle und das delirante Syndrom ebenfalls mit grosser Sicherheit den Schluss auf eine organische Grundkrankheit zu.

---

[7] EUGEN BLEULER, Lehrbuch der Psychiatrie, 11. Aufl. umgearbeitet von MANFRED BLEULER, Berlin 1969, S. 25.

Die Dämmerzustände dagegen sind zwar meistens, aber nicht immer organisch bedingt. So gibt es Dämmerzustände auch bei der Schizophrenie, und in seltenen Fällen können Dämmerzustände (die dann meistens orientierte Dämmerzustände sind) rein psychische Ursachen haben. Sie werden dann „psychogene", „funktionelle" oder auch „hysterische" Dämmerzustände genannt.

## 2. *Die Störungen des Ichbewusstseins*

„Die Ichstörungen sind viel beschrieben worden. Ihre Erfassung wird dadurch erschwert, dass die normalpsychologischen Kriterien des Icherlebens kaum eindeutig beschreibbar sind. Die Literatur ist oft entwertet durch die Mitteilung schwindelhafter, nicht selten künstlich hochgetriebener Selbstschilderungen, durch die Verunreinigung mit Sensationsbedürfnissen, auch durch die vorschnelle Theorienbildung ... bevor die Phänomene selbst im Griff sind, was allerdings hier schwer gelingt."[8]

Trotz dieser kritischen Bemerkungen KURT SCHNEIDERs können wir nicht umhin, auf die Störungen des Ichbewusstseins im Sinne von JASPERS einzugehen, denn nahezu alle Psychopathologen sind sich einig, dass es etwas Entsprechendes gibt, und KURT SCHNEIDER selbst stellt fest, dass „*gewisse* Störungen des *Icherlebnisses* von grösster schizophrener Spezifität" sind[9].

Man bemerkt schon aus diesen beiden Zitaten, dass die Bezeichnungen für das, was wir mit JASPERS „Ichbewusstsein" nennen, variieren: SCHNEIDER spricht von „Icherleben", FEDERN von „Ichgefühl", BASH von „Ichbezug"; es ist aber immer dasselbe Grundphänomen gemeint, dessen Umschreibung E. KRETSCHMER zugleich mit seiner Unbeschreiblichkeit formuliert: „Das Ich wird als stärkster Brennpunkt des Erlebens empfunden, zugleich mit

---

[8] KURT SCHNEIDER, Klinische Psychopathologie, 9. Aufl. Stuttgart 1971, S. 122.
[9] a. a. O., S. 121.

dem Gefühl der unteilbaren Einheit, Einzigartigkeit und des inneren Bezuges aller seiner Bestandteile. Der unmittelbare Erlebnistatbestand dieses Ichgefühls oder Persönlichkeitsbewusstseins ist ungeklärt und voll innerer Widersprüche."[10].

Wohl wissend, dass damit ein Bündel von unbeschreiblich komplexen Phänomenen stark vereinfachend systematisiert wird, wollen wir die wichtigsten Störungen des Ichbewusstseins aufzählen, indem wir sie den früher schon genannten vier formalen Merkmalen von JASPERS zuordnen:

*Störungen der Aktivität des Ich*

Patienten, die an dieser Störung leiden, berichten zum Beispiel, dass gar nicht sie selbst es seien, die ihre Gedanken denken, sondern dass die Gedanken in ihnen *gemacht* würden. Oder sie stehen den Bewegungen ihres eigenen Körpers als etwas völlig Fremdem gegenüber, das ihnen ohne jede eigene Aktivität irgendwie „zustösst". Im äussersten Falle kann das Erlebnis der gänzlichen Passivität des Ichbewusstseins bei erhaltenem Gegenstandsbewusstsein so weit gehen, dass ein Patient erklärt, er könne zwar alle seine Reaktionen beobachten, aber in Wirklichkeit lebe er gar nicht, sondern er werde gelebt.

Man muss im Auge behalten, dass es sich bei solchen Erfahrungen (die wir uns natürlich normal-psychologisch in keiner Weise vorstellen können) nicht etwa um vollständigen „Ichverlust" handelt, sondern lediglich um eine Störung im Erleben der Aktivität des Ich.

*Störungen der Einheit des Ich*

(Von K. SCHNEIDER wird Einheit des Ich deutlicher als „Erlebnis der Einfachheit im Augenblick" bezeichnet.)

Andeutungsweise kennen viele Menschen eine gewisse „Gespaltenheit" ihres Ichbewusstseins, die ihnen erlaubt — oder sie zwingt —, sich selbst als Handelnde oder Erleidende zu beobachten.

---

[10] ERNST KRETSCHMER, Medizinische Psychologie, 13. Aufl. herausgegeben von WOLFGANG KRETSCHMER, Stuttgart 1971, S. 5.

Diese Art von Erfahrung, die durchaus nichts Krankhaftes hat, wenn sie auch oft belastend wirkt, ist aber hier nicht gemeint. Natürlich hat auch die nahezu alltägliche Erfahrung, dass zwei einander widersprechende Strebungen oder Triebe zu gleicher Zeit um Anerkennung ringen, nichts mit den hier gemeinten Phänomenen zu tun. Vielmehr sprechen wir von pathologischen Störungen in der Einheit des Ich erst dann, wenn ein Mensch wirklich zwei „Iche" in sich erlebt oder — was sehr viel häufiger vorkommt — sein Ich in zwei oder mehrere Teile auseinanderfallend erfährt.

Schon der Name „Schizophrenie" = Seelenspaltung deutet darauf hin, dass wir diese Störung bei der Schizophrenie antreffen können. Dabei ist aber zu bedenken, dass längst nicht jede „Zweigleisigkeit" oder „doppelte Buchführung" oder gar „Gefühlsambivalenz", die man bei schizophrenen Patienten antrifft, bereits als Ausdruck von Verdoppelungserlebnissen zu werten sind.

Wohl aber handelt es sich beim folgenden Fall um eine echte Störung der Ich-Einheit:

Eine junge Patientin wurde im Zustand völliger Erschöpfung in die psychiatrische Klinik eingewiesen und verharrte tagelang in nahezu völliger Regungs- und Reaktionslosigkeit (sogenannter „katatoner Stupor"). Später konnte sie berichten, dass sie in den Wochen vor ihrer Einlieferung ständig zwei Leben zu gleicher Zeit geführt habe. Einerseits ging sie ihrer Tätigkeit als Haus- und Kindermädchen nach und lebte diese Rolle (wie objektiv bestätigt wurde) nahezu unauffällig. Andererseits erlebte sie *gleichzeitig* — also während der Arbeit, während des Spazierengehens, während der Mahlzeiten und so weiter — die phantastischsten Abenteuer einer exotischen Prinzessin. Sie zeigte ein Tagebuch, in das sie — in immer unleserlicher werdender Schrift — links die Begebenheiten des einen (von uns aus gesehen: realen) Lebens, rechts die des anderen eingetragen hatte. Sie betonte aber, dass man das eigentlich gleichzeitig vorlesen müsse, denn es sei nicht nacheinander, sondern nebeneinander geschehen. Es habe sie ungeheuer angestrengt, immer in beiden Welten zugleich zu leben und in keiner etwas falsch zu machen, und zum Schluss habe

36

sie diese Anstrengung nicht mehr ertragen. Sie selbst nannte diesen Zustand „einen irrsinnigen Doppelfilm".

Zumindest diese nachträgliche Schilderung der absolut glaubwürdigen und gar nicht sensationslüsternen Patientin entspricht einem sich über mehrere Wochen hinziehenden Verlust der Einheit des Ich, oder besser positiv ausgedrückt: einer Bewusstseinsverdoppelung. (Die Frage, was sie und viele andere Patienten in ähnlichen Situationen nun „wirklich" erleben, ist müssig, weil nicht zu beantworten.)

Es sei noch darauf hingewiesen, wie sehr sich solche Verdoppelungserlebnisse im Rahmen einer Schizophrenie von Dämmerzuständen unterscheiden. Bei ihnen liegt nicht die geringste Beeinträchtigung von Wachheit, Orientierung, Aufmerksamkeit oder Besonnenheit vor, auch besteht nachträglich keine Amnesie. Dieses: dass ein Mensch *ganz bewusst* in zwei Ichen oder zwei Welten lebt − wenn auch oft die beiden Realitäten als unterschiedlich erlebt werden − ist das Merkmal der Ich-Spaltung.

*Störungen der Identität oder Kontinuität des Ich im Zeitverlauf*

Nicht selten erklären schizophrene Patienten, dass sie entweder von einem ganz bestimmten Datum an, oder „seit einiger Zeit", „seit langem" nicht mehr sie selber, sondern jemand anderes seien. Dies aber nicht als eine Wandlung oder tiefgehende Veränderung gemeint, sondern als ein Austausch des Ich. Das frühere Ich ist ihnen zwar meistens noch bekannt, aber die Patienten erklären ausdrücklich, dass sie es verloren oder abgestossen hätten, oder auch, dass es von aussen her zerstört oder ausgetauscht worden sei.

Verwandt, aber nicht identisch mit solchen Zuständen sind die Erscheinungen der *„Depersonalisation"*. Sie bestehen darin, dass der Patient sein Ich (oder seine „Persönlichkeit") überhaupt nicht mehr richtig wahrnimmt; er kommt sich selbst fremd vor, ist sich selbst unheimlich oder auch lächerlich, findet seinen Körper und sein Gesicht verändert und erlebt seine Gefühle und Strebungen als nicht mehr zu ihm gehörig.

*Störungen der Geschlossenheit oder Selbständigkeit des Ich*

Dass das Ich stets etwas in sich Abgeschlossenes, Selbständiges ist und grundsätzlich der Welt und jedem Du unvereinbar gegenübersteht, wird als etwas zutiefst Schmerzliches empfunden. („Dieses heisst Schicksal: gegenüber sein / und nichts als das und immer gegenüber." RILKE, Achte Elegie.) Darum werden auch die Möglichkeiten einer „Entgrenzung" des Ich auf sehr verschiedenen Ebenen gesucht und mit unterschiedlichen Resultaten annäherungsweise erfahren: in der Liebe, in der mystischen Versenkung, in allen Formen von Ekstase, im Eintauchen in kollektive Emotionen oder mit Hilfe von Drogen.

Als ein unvorstellbar quälender Zustand wird dagegen die *ungewollte* Aufhebung der Grenzen zwischen Ich und Nicht-Ich bisweilen in der Schizophrenie erfahren. Wir müssen dann Menschen beobachten, die nicht mehr zwischen sich selbst und der Umwelt zu unterscheiden vermögen, die „sich" in einem Waschbecken oder in einem Hund oder umgekehrt das Verhalten irgend eines anderen Menschen als ihr eigenes betrachten. In solchen Fällen ist die „Depersonalisation" aufs äusserste gesteigert, und man spricht von „Persönlichkeitszerfall" oder „Entichung". Allerdings beweisen Verläufe, bei denen es auch nach weitgehendem Verlust der Geschlossenheit des Ich zu deren überraschender Wiederherstellung kam, dass die Schizophrenie nicht zu einer endgültigen, organisch bedingten Zerstörung des Ich führt, sondern lediglich zu einer funktionellen Störung oder „Verschüttung" desselben, die allerdings so tief sein kann, dass sie irreparabel erscheint.

*Blick auf die Psychiatrie*

Es ist schon zur Genüge deutlich geworden, dass die Störungen des Ichbewusstseins eine besonders grosse Rolle in der Schizophrenie spielen. Das darf jedoch nicht zu dem Irrtum verleiten, dass sie *nur* in der Schizophrenie vorkämen. Leichte Depersonalisationserlebnisse findet man bei vielen neurotischen Störungen, auch gelegentlich in Erregungs- und Erschöpfungszuständen Gesunder.

38

Bei endogen depressiven Patienten findet man nicht nur in manchen Fällen allgemeine Depersonalisationserscheinungen, sondern auch deutlich akzentuierte Störungen in der Aktivität des Ich, allerdings nicht im Zusammenhang mit dem Gefühl, dass die fehlende Eigenaktivität stattdessen von aussen „gemacht" würde; diese besondere Kombination ist für das Vorliegen von Schizophrenie nahezu beweisend.

Abschliessend sei noch darauf hingewiesen, dass manche Autoren die Störungen des Ichbewusstseins auch als „inhaltliche Störungen der Persönlichkeit" (BLEULER) oder als „subjektive Persönlichkeitsstörungen" (KLOOS) bezeichnen.

## II. Empfinden und Wahrnehmen und deren Störungen

### Empfinden und Wahrnehmen

In diesem Kapitel sind wir in der glücklichen Lage, definieren zu können, was die beiden Begriffe seiner Überschrift bedeuten.

*Empfindung* nennen wir mit ROHRACHER „eine nicht weiter auflösbare psychische Erscheinung, die durch äussere oder innere Reize erzeugt wird ...“[1]

*Wahrnehmung* ist „eine komplexe, aus Sinnesempfindungen und Erfahrungskomponenten bestehende psychische Erscheinung, deren Inhalt im Raum lokalisiert wird und dadurch zur Auffassung von Gegenständen der Aussenwelt führt.“[2]

Dieses Begriffspaar ist für die Psychopathologie wie auch für die Psychologie einerseits so wichtig und andererseits doch so umstritten, dass wir etwas ausführlicher bei ihm verweilen wollen.

Unsere „Sinne“ sind: Gesicht, Gehör, Geruch, Geschmack, verschiedene Arten der Hautempfindlichkeit sowie Gleichgewichts- und Bewegungssinn. Mit Hilfe dieser Sinne können wir die Aussenwelt und teilweise die Befindlichkeit unseres Leibes registrieren.

Dass diese Vorgänge *physiologisch* äusserst kompliziert sind, liegt auf der Hand. Es müssen ja die gänzlich verschiedenen Reize (Licht, Ton, Geruch, Berührung und so weiter) von den auf sie spezialisierten Sinnesorganen aufgenommen, in Nervenerregung umgewandelt, von den Nervenbahnen ins Gehirn geleitet und dort in den Sinneszentren „erkannt“ werden.

Ist aber nicht der *psychologische* Akt des Sehens, Hörens, Riechens und so weiter etwas ganz Einfaches? Ich sehe eine Kaffeekanne, ich rieche den Kaffeeduft, ich schmecke den Kaffee ... sind das nicht einfach „Erlebnisse“, die man hat und kennt, ohne dass man sie psychologisch zergliedern könnte?

[1] H. ROHRACHER, a.a.O., S. 127.
[2] a.a.O. S. 128.

Vor allem: was soll die Unterteilung in zwei verschiedene Vorgänge: empfinden und wahrnehmen? Diese Frage wird noch berechtigter, wenn man sich genauer überlegt, was gemäss den oben gegebenen Definitionen diese beiden Begriffe bedeuten.

Nehmen wir ein Beispiel des Sehens.

Empfinden: länglich, gerade, silbern, spiegelnd, etwa 20 cm hoch, dann darauf nochmals länglich, gerade, weiss, nicht spiegelnd, etwa 10 cm hoch, dann darauf dünn, schwarz, länglich, gekrümmt, etwa 1 cm lang.

Wahrnehmen: was ist das? Das kenne ich doch. Habe ich schon mal gesehen. Ach ja: ein silberner Leuchter mit einer Kerze drauf.

Also beim Empfinden: nur die Erlebnisse, die sich aus den Reizen ergeben, die man, um sie aufzuschreiben, mit Wörtern belegen muss, die aber eigentlich unbenannte, nur „gespürte" Eindrücke sind.

Dagegen beim Wahrnehmen: Vergleich dieser Eindrücke mit der Erfahrung, also Heranziehen des Gedächtnisses, Suche nach früheren, ähnlichen Eindrücken, schliesslich Erkennen und Benennen des Gesehenen.

Jeder wird zugeben, dass diese Unterscheidung von empfinden und wahrnehmen künstlich ist. In Wirklichkeit ist es doch so: ich richte meinen Blick auf den Tisch und sehe dort mit einem Schlag einen silbernen Leuchter mit einer Kerze. Wenn wir diesen Vorgang „Wahrnehmung" nennen, dann wird man sagen: der Begriff Wahrnehmung genügt vollkommen; das, was mit Empfindung gemeint ist, gibt es gar nicht.

Dem wird von der Psychologie entgegengehalten: der Begriff Empfindung ist ein psychologischer „Grenzbegriff"[3], der etwas umschreibt, was wir zwar so gut wie nie bewusst erleben, das es aber doch geben muss.

Wie wird das begründet? Zunächst: wenn man nicht an die „höheren" Sinnesempfindungen wie Sehen und Hören denkt, sondern an die „einfachen", so z.B. an den Schmerzsinn, so kann man viel eher nachvollziehen, was mit „reiner Empfindung" ge-

---

[3] Kleines Handbuch der Psychologie, hrsg. von DAVID und ROSA KATZ, 3. Aufl. Basel/Stuttgart 1972, S. 131.

meint ist. Wenn mich unvermutet eine Mücke sticht, so habe ich im allerersten Augenblick nichts als die Empfindung des Schmerzes, und erst dann die Wahrnehmung: eine Mücke hat meinen Handrücken gestochen.

Oder ein noch überzeugenderes Beispiel: wenn ich einen mir unbekannten Geruch rieche, dann ist das eine reine Empfindung schon deswegen, weil ich sie weder lokalisieren, noch mit Bekanntem vergleichen, noch sie benennen kann.

Weiter kann man die Behauptung, dass es Empfindung als etwas der Wahrnehmung Vorausgehendes und Zugrundeliegendes geben müsse, dadurch begründen, dass man auf die allmähliche Entwicklung des Wahrnehmungsvermögens beim Kinde hinweist. Es ist gar nicht anders denkbar, als dass das kleine Kind anfänglich in einer Welt reiner „unverstandener" Empfindungen lebt, mit denen es erst seine Erfahrungen sammeln muss, bevor es erkennbare Gegenstände wahrnehmen kann.

Für den Erwachsenen also gilt: „Was reine Empfindungen sind, kann sich der erwachsene Mensch nur noch rekonstruieren; unmittelbar erleben kann er es nicht mehr."[4]

Man darf mit Recht erwarten, dass Psychologen und Psychopathologen gute Gründe angeben können, die diese mühsame Rekonstruktion des Empfindungsbegriffes rechtfertigen.

Bevor wir diese Gründe nennen, wollen wir aber noch einen ganz kurzen Blick auf die Geschichte der Wahrnehmungs-Psychologie werfen. Denn es könnte so scheinen, als sei der Begriff Empfindung tatsächlich etwas Veraltetes, dem vorigen Jahrhundert Angehöriges und durch die Entwicklung der neueren Psychologie überholt.

Die „physiologische Psychologie" der zweiten Hälfte des 19. Jahrhunderts bemühte sich in ungezählten, teils überaus scharfsinnigen Experimenten, die „Elemente" des Seelenlebens zu erforschen. In den Sinnesempfindungen, deren Gesetzmässigkeiten sich experimentell besonders gut erfassen lassen, meinte die physiologische Psychologie, die (neben den „einfachen Gefühlen") wichtigsten seelischen Elemente vor sich zu haben, auf die sich nahezu alles Psychische zurückführen liesse.

[4] ROHRACHER, a. a. O., S. 124.

Für diese Betrachtungsweise war das seelische Leben also etwas Zusammengesetztes, das man durch exakte Beobachtung restlos in seine Bestandteile zerlegen kann.

Diese Auffassung wurde in unserem Jahrhundert bestritten und — wie man behaupten darf — überwunden durch die sogenannte „Gestaltpsychologie". Die ihr zugrunde liegende „Gestalttheorie" besagt, dass das Seelische nicht ausschliesslich aus Elementen zusammengesetzt ist, sondern dass alle seelischen Phänomene stets mehr sind als die Summe ihrer Teile. Dieses „mehr" besteht in der stets von Anfang an gegebenen „Ganzheitlichkeit" und „Gestaltetheit" aller seelischen Vollzüge. So werden auch die Wahrnehmungen nicht aus lauter einzelnen Empfindungselementen zusammengesetzt, sondern es werden „Wahrnehmungsgestalten" als Fertiges aufgenommen. So schreibt W. EHRENSTEIN: „Da nicht weiter zerlegbare, einfachste Reizbedingungen im täglichen Leben so gut wie niemals vorkommen, werden Empfindungen nur unter Laboratoriumsbedingungen erlebt; bei Erlebnissen des täglichen Lebens handelt es sich niemals um Empfindungen, sondern stets um sehr komplexe Erscheinungen. Die Empfindungen selbst sind daher in der biologischen Wirklichkeit so gut wie bedeutungslos."[5]

Es wird heute nur noch wenige europäische Psychologen geben, die dieser Feststellung im besonderen und den Grundgedanken der Gestalttheorie im allgemeinen widersprechen wollten.

Welches sind dann aber die Gründe, die uns veranlassen, den Begriff „Empfindung" als Grenzbegriff im oben beschriebenen Sinne dennoch aufrechtzuerhalten? Es sind zwei:

Erstens: von „Wahrnehmung" kann man nur dann sprechen, wenn Sinnesempfindungen mit Hilfe der Erfahrung *erkannt* und an dem ihnen zukommenden Ort im Raum (der unter Umständen der eigene Leib sein kann) *lokalisiert* werden. Das heisst aber: Wahrnehmung ist immer ein *bewusster Akt*, oder genauer: ein Akt, der von der Qualität des Gegenstandsbewusstseins begleitet wird. Nun gibt es aber unzweifelhaft eine grosse Menge von Sinneseindrücken, die nicht ins Gegenstandsbewusstsein ein-

---

[5] Zitiert nach ROHRACHER, a. a. O., S. 130.

treten, also nicht wahrgenommen werden, und die doch starke Wirkungen auf Leib und Seele des Individuums ausüben können, ja von denen wir sogar annehmen müssen, dass sie „unbewusst" im Gedächtnis aufbewahrt werden. (Auf diese sonderbar erscheinende Hypothese werden wir im Kapitel über das Gedächtnis [S. 63 ff.] zurückkommen.)

*Solche nicht wahrgenommenen aber doch auch nicht verlorengegangenen Sinneseindrücke müssen als „Empfindungen" bezeichnet werden.* Ihre Zahl ist vermutlich sehr gross: denn unsere Sinnesorgane können ja mit Ausnahme der Augen nicht geschlossen werden, registrieren die ankommenden Reize also dauernd und leiten sie ins Gehirn weiter. Dort (und natürlich nicht in den Sinnesorganen) werden sie aller Wahrscheinlichkeit nach auch ständig „empfunden"; aber nur ein Bruchteil von ihnen wird so weit verarbeitet, dass er auch wahrgenommen = bewusst wird. Dies ist der erste Grund, warum wir den Grenzbegriff Empfindung brauchen.

Zweitens: Es gibt eine grosse Zahl von pathologischen Erscheinungen des Seelenlebens, die dem Beobachter die Unterscheidung des Empfindens vom Wahrnehmen förmlich abverlangen. Ausführlich werden wir das später bei der Besprechung der Illusionen und vor allem Halluzinationen sehen; hier wollen wir nur auf die sogenannten *Agnosien* hinweisen, auf die wir später nicht mehr eingehen werden. Diese psychopathologischen Symptome treten als Folge von umschriebenen Erkrankungen der Grosshirnrinde auf und bestehen z. B. darin, dass der Patient die Gegenstände seiner Umgebung zwar genau sieht und auch ihre Form, Grösse, Proportionen, Farben und so weiter exakt beschreiben kann, ohne jedoch angeben zu können, was für Gegenstände das nun seien (optische Agnosie oder „Seelenblindheit"). Entsprechende Störungen kommen auch beim Gehör (akustische Agnosie oder „Seelentaubheit") und beim Tastsinn (taktile Agnosie) vor.

Bei der Beschreibung dieser Phänomene drängt sich die Unterscheidung zwischen Wahrnehmung und Empfindung geradezu auf, und so lautet auch die treffendste und kürzeste Definition der Agnosien, dass es sich bei ihnen um eine „zentral bedingte

44

Wahrnehmungsstörung bei unbeeinträchtigten Empfindungen"
handelt[6].

Wir sehen also: der Grenzbegriff Empfindung ist sinnvoll, weil
Empfindungen zwar im Alltag sehr selten bewusst erlebt werden,
aber dennoch existieren, was sich besonders deutlich anhand
pathologischer Phänomene des Seelenlebens zeigen lässt.

Über dieser Rechtfertigung des Empfindungs-Begriffes haben wir
bisher den Begriff der Wahrnehmung in einer Weise vernachlässigt,
die ganz im Widerspruch zu seiner grossen Bedeutung steht.
Denn wenn wir nicht wahrnehmen könnten, dann wüssten wir
nichts von der Welt, die uns umgibt, und es ist sehr fraglich, ob
wir dann etwas von uns selbst wissen würden.

Wir müssen uns in diesem Zusammenhang eine merkwürdige
Reihe von psychologischen Verknüpfungen klarmachen. — Von
unserer Seele wissen wir nur etwas, weil sie die Qualität des Bewusstseins hat. Bewusstsein ist aber, wie wir früher sahen, zunächst Gegenstandsbewusstsein, und Gegenstandsbewusstsein ist
nicht vorstellbar ohne Wahrnehmung.

Nun gibt es zwar, wie wir später sehen werden, eine unmittelbare (das heisst: nicht auf Empfindungen beruhende) Selbst-
Wahrnehmung der Seele, die man mit dem Wort „Gefühl" bezeichnet, und es gibt, über das Gegenstandsbewusstsein hinaus,
jenes Wissen des Bewusstseins um sich selbst, das wir „Ichbewusstsein" nannten — aber weder Gefühle noch Ichbewusstsein
würden zustande kommen, wenn es nicht zuvor Wahrnehmungen
geben würde. Wahrnehmungen sind also — soweit wir das verstehen können — eine Voraussetzung für seelisches Leben überhaupt.

Das, was wir ausserhalb unserer selbst wahrnehmen, nennen
wir unsere Umwelt. Es erhebt sich die Frage, in welchem Verhältnis diese Umwelt zu unserer Seele steht. Einerseits ist die Wahrnehmung ihres Vorhandenseins die Voraussetzung für unser seelisches Leben, andererseits aber ist die Umwelt auch ein Produkt
unserer Seele.

[6] MÜLLER-HEGEMANN, nach HARING LEICKERT, Wörterbuch der Psychiatrie und ihrer Grenzgebiete, Stuttgart 1968, S. 19.

Über eine *objektive* Aussenwelt wissen wir nämlich überhaupt nichts. Wir können nur das von ihr wahrnehmen, was wir mit Hilfe unserer Sinnesorgane zu empfinden vermögen, also „Reize", die von ihr auszugehen scheinen. Dass und wie wir diese Reize empfinden und wahrnehmen, hängt aber ganz und gar von unseren Sinnesorganen und unserem Gehirn ab. Wir können also nur sagen: irgendetwas reizt unsere Sinnesorgane von aussen, wird gemäss unseren Sinnesorganen und Nerven von uns empfunden und gemäss unserer Gehirnstruktur (und der in ihr aufgespeicherten Erfahrung) von uns als Um-welt wahrgenommen. Wahrscheinlich enthält die objektive Aussenwelt viel mehr, als wir zu empfinden und wahrzunehmen vermögen; jedenfalls legt die bisherige Geschichte der naturwissenschaftlichen Erforschung der Aussenwelt diese Vermutung nahe.

Wie steht es überhaupt mit den Naturwissenschaften? Geben sie uns nicht ein objektives Bild von der Aussenwelt? Die Naturwissenschaften belehren uns darüber, dass die Reize, die uns von aussen treffen, aus einer materiellen Welt stammen, und dass sich in ihr bestimmte Gesetzmässigkeiten feststellen lassen. Allerdings: wer stellt sie fest? Das menschliche Gehirn. Auf welcher Grundlage stellt das Gehirn sie fest? Auf der Grundlage von Wahrnehmungen. So ist auch die Naturwissenschaft auf Wahrnehmungen angewiesen und kann nicht objektiv eine objektive Welt erforschen, sondern nur den uns wahrnehmbaren Ausschnitt aus ihr, den wir Umwelt nennen.

Diese Umwelt aber ist, wie wir oben sagten, in gewissem Sinne ein Produkt unserer Seele. Denn wir kennen nur Seelisches und bauen aus ihm — speziell aus unseren Wahrnehmungen — unsere Umwelt auf. Das schildert ROHRACHER sehr eindrücklich:

„Es muss an dieser Stelle eindringlich betont werden, dass schon jede einfache Empfindung etwas Psychisches ist; wenn man eine grüne Wiese sieht oder an den Händen kalt spürt, so ist dies ein bewusstes Erleben. ‚Grün' und ‚kalt' bestehen *nur* als Empfindungen; nur in der subjektiven Welt des Menschen. Unabhängig von unseren Wahrmehmungen ist die Wiese nicht grün, sie hat überhaupt keine Farbe; das ‚Grün' ist ausschliesslich unsere Empfindung, die dadurch zustande kommt, dass die Moleküle

der Gräser von den elektromagnetischen Schwingungen, die —
von der Sonne kommend — auf sie auftreffen, nur eine bestimmte Schwingungsart (nämlich diejenige von 600 Billionen
Schwingungen pro Sekunde) zurückwerfen. Gelangen diese
Schwingungen auf die Netzhaut unserer Augen, so entstehen
dort bestimmte elektrochemische Prozesse, die in das Gehirn geleitet werden und dort die Empfindung ‚grün' entstehen lassen.
Die Schwingungen der Luft, die auf unser Ohr treffen, sind nicht
laut oder leise; sie sind absolut still — nur durch ihre Wirkungen
auf die nervösen Apparate im Innenohr entsteht der Strassen-
lärm oder das Pianissimo einer Geige."[7]

Wie kommt es nun aber, dass wir von der Wirklichkeit unserer
Umwelt so unerschütterlich überzeugt sind? Es hat drei Gründe.
Der erste ist der, dass wir von unseren Wahrnehmungen stets nur
das allerletzte Glied der Kette erleben, nämlich die Lokalisation
des Wahrgenommenen im Raum. Das ist ja die scheinbar so einfache Tatsache, von der wir vorher sprachen: ich sehe auf dem
Tisch einen Leuchter mit einer Kerze. Niemals denke ich dabei
an die Vorgänge in meinem Kopf: dass meine Augen Reize aufnehmen, dass meine Sehnerven diese Reize in veränderter Form
ins Gehirn weiterleiten und dass dort in komplizierten Prozessen
eine Wahrnehmung entsteht, sondern ich erlebe nur das Endpro-
dukt: *dort* steht ein Leuchter. In unserer künstlichen psychologischen Begrifflichkeit heisst das: ich bin aufgrund unzähliger in
jedem wachen Augenblick bestätigter Erfahrungen davon überzeugt, dass jeder Wahrnehmung auch eine Empfindung und damit ein Aussenreiz entspricht.

Der zweite Grund für unsere Sicherheit über die Realität unserer Umwelt besteht darin, dass normalerweise alle unsere Sinne
stets „gleichsinnige" Erfahrungen haben. Ich kann mich darauf
verlassen: wenn ich nach dem Leuchter greife, wird meine Hand
seine Form, seine Konsistenz, seine Temperatur und so weiter in
der erwarteten Weise spüren. Sollte ich ihn umwerfen, werde ich
das Geräusch hören, das fallendes Metall auf Holz verursacht, und
so fort. — Die verschiedenen Arten meiner Wahrnehmung sind
also stets miteinander übereinstimmend.

[7] ROHRACHER, a. a. O., S. 107 f.

Und der dritte Grund (vielleicht der wichtigste): Übereinstimmend sind meine Wahrnehmungen auch mit den Wahrnehmungen der anderen Menschen. Ich bin absolut sicher, dass jeder normal intelligente und besonnene Mensch mir bestätigen wird, dass dort ein Leuchter steht. Selbst dann, wenn dieser Mensch eine andere Sprache sprechen sollte als ich, und also seine Wahrnehmung mit einem mir unbekannten Wort bezeichnen würde, bin ich doch sicher, dass ich in einem entsprechenden Lexikon hinter diesem Wort das deutsche Wort „Leuchter" oder „Kerzenhalter" finden würde.

So kommt es dazu, dass wir uns unserer Umwelt ganz sicher sind, dass wir sie als den verlässlichen Hintergrund ansehen, vor dem sich unser Ich konturiert, dass wir ihrer Realität niemals misstrauen, und dass wir unsere Wahrnehmungen für ihr Produkt halten — obgleich das Gegenteil der Fall ist.

Wir mussten diese allgemeinen Erwägungen über Empfinden und Wahrnehmen vorausschicken, weil erst dadurch einsichtig wird, wie schwer die Störungen dieser Funktionen (vor allem die der Wahrnehmung) das Welt- und Selbstverständnis eines Menschen verändern können.

Bevor wir uns diesen Störungen zuwenden, müssen aber vorher noch zwei weitere psychologische Begriffe kurz erklärt werden.

### Zunächst der Begriff Vorstellung

Ich kann mir jede beliebige Wahrnehmung, die ich einmal hatte, absichtlich nochmals zurückrufen, indem ich sie mir „innerlich vorstelle". Die Vorstellung von etwas Geschehenem steht mir dann „vor dem inneren Auge", die bekannte Melodie höre ich „mit dem inneren Ohr" und so weiter. Fast immer sind Vorstellungen blasser und ärmer an Einzelheiten als Wahrnehmungen. Die „Vorstellungskraft" ist allerdings individuell sehr verschieden. Aber selbst sehr lebhafte und plastische Vorstellungen — und zwar auch dann, wenn sie sich mir gegen meinen Willen aufdrängen sollten — sind nie objektiv, sondern bleiben immer *meine* Vorstellungen, die aus mir kommen. — Schreckliche, gegen meinen Willen auftretende Vorstellungen können mich zwar quälen, aber nicht deswegen, weil ich sie für äussere Realitäten halte, sondern weil sie mich meiner inneren Freiheit berauben.

Unter *Auffassung* verstehen wir die sinnvolle Zusammenfassung mehrerer Wahrnehmungen (und eventuell auch Vorstellungen) zu einem übergeordneten Ganzen. „Auf einem Bild zeigt uns die Empfindung z.b. Farbenflecken, die Wahrnehmung Männer und Tiere und Bäume, und die Auffassung eine Jagd."[8]

Der Begriff spielt in der Psychologie eine untergeordnete Rolle, ist aber in der Psychopathologie deswegen wichtig, weil unter Umständen die Auffassung bei intakter Wahrnehmungsfähigkeit gestört sein kann.

## 1. Die Störungen des Empfindens

Aus der Definition des Begriffes „empfinden" geht hervor, dass es sich bei den Empfindungsstörungen um Symptome organischer Krankheiten handeln muss, nämlich Krankheiten der Sinnesorgane, der Nervenbahnen, der Sinneszentren oder auch der Gesamtheit der Grosshirnrinde. Von daher ist es verständlich, dass die Empfindungsstörungen in der Psychopathologie so gut wie keine Rolle spielen, sondern dass sie in der Neurologie, der Augen- und Ohrenheilkunde und anderen medizinischen Spezialfächern behandelt werden.

Allerdings können Empfindungsstörungen weitere psychische Symptome zur Folge haben: man denke etwa an das bis zur Wahnbildung führende Misstrauen, das schwerhörig oder taub gewordene Menschen manchmal entwickeln.

Psychogene Empfindungsstörungen kann es im Rahmen unserer Definitionen nicht geben; sie stellen immer Wahrnehmungsstörungen dar. So möchten wir etwa die psychogene Blindheit, die Schmerzunempfindlichkeit mancher Katatoniker oder die gesteigerte Reizempfindlichkeit bei Depressiven *nicht* als „zentrale Störungen der Empfindungen"[9], sondern als Störungen der Wahrnehmung bezeichnen.

[8] BLEULER, a. a. O., S. 28.
[9] BLEULER, a. a. O., S. 28.

## 2. Die Störungen des Wahrnehmens

Wir wollen auch hier wieder die altbewährte Einteilung in quantitative und qualitative Störungen zugrunde legen. Das heisst: wir besprechen zunächst diejenigen Störungen, bei denen gegenüber dem Durchschnitt zu viel oder zu wenig wahrgenommen wird, und dann die Zustände, in denen die Art der Wahrnehmung verändert ist.

### a) Die quantitativen Wahrnehmungsstörungen

Ihr Zustandekommen ist leicht zu verstehen, wenn man bedenkt, dass wir sehr viel mehr empfinden als wir wahrnehmen. Wir wiesen schon darauf hin, dass unsere Sinnesorgane — mit Ausnahme der Augen — nicht ,,geschlossen" werden können, so dass alle ankommenden Reize, sofern sie gemäss ihrer Qualität und Intensität überhaupt registrierbar sind, empfunden werden müssen. (Viele Erfahrungen sprechen dafür, dass das auch noch im Schlaf, allerdings nicht mehr im Koma der Fall ist.)

Von dieser riesigen Empfindungsmasse wird nun — glücklicherweise — nur ein Teil wahrgenommen, und vom Wahrgenommenen wieder nur ein Teil aufgefasst. Glücklicherweise: man versuche sich vorzustellen, wie hoffnungslos man von Wahrnehmungen überschwemmt werden würde, wenn man bei einem Gang durch eine belebte Grossstadt sämtliche empfundenen Reize bewusst erkennen, benennen, lokalisieren und gar noch in ihrem Gesamtzusammenhang auffassen würde!

Die notwendige Auswahl der Empfindungen, also die Entscheidung darüber, welche vernachlässigt und welche zur Wahrnehmung gebracht werden sollen, treffen wir im allgemeinen unwillkürlich und sogar unbewusst. Erst dann, wenn wir unsere Aufmerksamkeit willkürlich auf bestimmte Sinnesempfindungen konzentrieren, treffen wir eine bewusste Auswahl. Durch das Zusammenwirken von willkürlicher und unwillkürlicher Auswahl aus den Empfindungen wird dafür gesorgt, dass unsere Wahrnehmungen so zusammengesetzt sind, dass sie uns eine möglichst reibungslose Anpassung an die Umwelt und die Erreichung unserer Ziele ermöglichen.

Nun kommen Zustände vor, in denen die Auswahl der Empfindungen nicht richtig funktioniert, so dass entweder zu viel oder zu wenig wahrgenommen wird. Den Menschen, der zu viel wahrnimmt, nennen wir *„überempfindlich"* oder in der Alltagssprache „nervös"; in der älteren Psychiatrie sprach man auch von „reizbarer Schwäche".

Wenn zu wenig wahrgenommen wird, liegt entweder eine *„Apathie"*, das heisst eine vom Gefühl her bedingte Gleichgültigkeit vor, oder es handelt sich um eine Auswirkung herabgesetzten Bewusstseins. Wir sehen daran wieder, dass das Bewusstsein als psychische Grundqualität die anderen psychischen Funktionen wesentlich beeinflusst. Der Benommene oder auch nur Ermüdete darf — abgesehen von seiner beeinträchtigten Reaktionsfähigkeit — schon deswegen nicht Auto fahren, weil er nicht genug wahrnimmt. Andererseits kann den Überwachen das Summen einer Fliege so stören, als wäre es ein lautes Dröhnen.

*b) Die qualitativen Wahrnehmungsstörungen*

Wir haben oben ausführlich dargestellt, dass wir die Aussenwelt nicht objektiv wahrnehmen, sondern subjektiv, als unsere Umwelt. So ist es verständlich, dass schon im „normalen" Leben die Wahrnehmungen auf mannigfaltige Weise verändert sein können. So kann beispielsweise dieselbe Landschaft mir heute schön und heiter, aber morgen langweilig und bedrückend vorkommen. Solche Veränderungen der Wahrnehmung sind aber erstens nichts Pathologisches und haben zweitens mehr mit dem Gefühlsleben als mit der Wahrnehmung selbst zu tun. Wir werden später noch sehen, in welchem Ausmass die Stimmung (die ein Teilaspekt der Affektivität ist) unsere psychischen Funktionen zu beeinflussen vermag.

Auch jene „Wahrnehmungsanomalien", die durch Vergiftungen oder durch krankhafte Reizzustände der Sinnesorgane oder beim deliranten Syndrom vorkommen, sollen uns hier nicht beschäftigen, weil sie organisch bedingt und deswegen eher zu den Empfindungsstörungen zu zählen sind.

Hingegen gibt es zwei qualitative Wahrnehmungsstörungen, die für die Psychopathologie von allergrösster Bedeutung sind: es sind die Illusionen und die Halluzinationen.

Diese beiden Wahrnehmungsstörungen werden oft unter dem Namen „Sinnestäuschungen" zusammengefasst[10]. Wie wir gleich noch sehen werden, ist aber nur die Halluzination eine Sinnestäuschung, so dass es sich mehr empfiehlt, als gemeinsame Bezeichnung für Illusionen und Halluzinationen das Wort „Trugwahrnehmungen" zu wählen[11].

*Illusionen sind Trugwahrnehmungen, bei denen wirkliche Empfindungen falsch gedeutet werden*

Was damit gemeint ist, kennt wohl jeder aus eigener Erfahrung. Nachts allein auf einer dunklen Strasse erschrickt man vor einem Mann, der lauernd an einer Hauswand steht – und bemerkt dann, dass es nur ein Mauervorsprung ist, der andeutungsweise die Proportionen einer menschlichen Gestalt hat.

Man hält im Walde einen bewegten Zweig für ein Tier, oder meint auf dem Bahnhof, endlich den erwarteten Freund in dem Menschenstrom zu entdecken, obgleich der scheinbar Erkannte vielleicht nur ganz von fern an den Erwarteten erinnert.

Das sind natürlich keineswegs pathologische Erscheinungen, aber sie können einem klar machen, wie krankhafte Illusionen zustandekommen. Was geschieht bei solchen „illusionären Verkennungen"?

Die von aussen aufgenommenen Reize wurden zwar richtig empfunden, aber die Deutung, die ihnen in der Wahrnehmung gegeben wurde, war falsch. Und zwar war diese Deutung durch das beeinflusst, was man – in ängstlicher Spannung oder freudiger Erregung – erwartete.

Während wir nun aber normalerweise bereit und in der Lage sind, eine solche Illusion als eine Trugwahrnehmung zu erkennen

---

[10] BLEULER, a.a.O., S. 29.
[11] SCHNEIDER, a.a.O., S. 97.

und unsere gefälschte Wahrnehmung richtigzustellen, kann in pathologischen Zuständen die illusionäre Verkennung der Wirklichkeit aufrechterhalten bleiben und sich sogar auf immer grössere Bereiche ausdehnen.

(Es sei noch angemerkt, dass die Bedeutung des Wortes „Illusion" in der Psychopathologie abweicht von der Bedeutung, die es in der Alltagssprache hat. In der Alltagssprache bedeutet ja „Illusion" vielmehr eine *gedankliche* Selbsttäuschung, die meistens auf einem Wunsch beruht.)

Wir kommen nun zu den Halluzinationen.

*Halluzinationen sind Wahrnehmungen, die ohne Empfindung entstehen*

Der Leser wird hier hoffentlich sagen, dass es so etwas, gemäss unserer Definition von „Wahrnehmung", nicht gibt. Denn Wahrnehmung ist ja gerade dadurch gekennzeichnet, dass sie aus Sinnesempfindungen und Erfahrungskomponenten besteht. Wie soll sie also ohne Empfindung zustande kommen? Oder ist mit „Halluzination" vielleicht nur eine ganz besonders intensive Vorstellung gemeint, also etwas, was der Mensch sich mit Hilfe seiner Einbildungskraft innerlich erzeugt?

Wir wollen uns ein für die Psychopathologie alltägliches Beispiel vergegenwärtigen:

Ein normal intelligenter, besonnener und klar orientierter Mann, der sich körperlich und seelisch vollkommen gesund fühlt, hört in seinem Zimmer, dass er von seiner Frau laut und dringend gerufen wird. Er geht rasch ins Nebenzimmer, von wo er den Ruf zu hören meinte, findet es aber leer. Da aber im selben Augenblick seine Frau noch zweimal seinen Namen ruft, diesmal noch dringender, läuft der Mann stark beunruhigt durchs ganze Haus und findet seine Frau schliesslich im Keller, wo sie an der Waschmaschine beschäftigt ist. Seine Frau erklärt auf seine erregte Frage, dass sie weder gerufen noch irgend etwas gehört habe. Der Mann ist irritiert, aber schliesslich doch bereit anzunehmen, dass er sich getäuscht habe. – Kaum hat er sein Zimmer wieder erreicht, beginnt das Rufen von neuem. Es ist eindeutig die Stimme seiner Frau, die in grosser Angst, aber klar und deutlich seinen

Namen ruft. Der ganze Vorfall wiederholt sich: einmal, mehrmals. Schliesslich verlässt der Mann das Haus, um erst spät abends zurückzukehren. Kaum hat er die Haustür hinter sich geschlossen, gellt schon wieder die Stimme seiner Frau durch die Zimmer: sie schreit abwechselnd seinen Namen und dann die ordinärsten Schimpfwörter. Als er sie zur Rede stellt, leugnet sie nicht nur alles und behauptet, er müsse sich das einbilden, sondern sie gibt sich sogar ausgesprochen besorgt, redet von Überreizung und beschwichtigt ihn, er müsse sich jetzt richtig ausschlafen. – „Was ich gehört habe, habe ich gehört", denkt der Mann, und der Verdacht steigt in ihm auf, seine Frau könne geisteskrank sein. Als sie ihn in der Nacht mehrmals durch tierische Schreie aufweckt, sich dann aber regelmässig schlafend stellt, und als er schliesslich bemerkt, dass morgens gegen vier Uhr der Lärm einer wüsten Orgie aus dem Keller herauftönt, geht er selbst ans Telefon und ruft einen ihm bekannten Psychiater an: er solle bitte kommen und nach seiner Frau schauen. Als der Psychiater kommt, bemerkt der Mann sofort, dass der mit seiner Frau verstohlene Blicke austauscht; und als der Psychiater ihm erklärt, er habe Halluzinationen und solle besser für einige Zeit in die Klinik gehen, ist dem Mann klar, dass jener mit seiner Frau ein Verhältnis hat, und dass man ihn auf diese Weise in einer Klinik versenken und aus dem Wege schaffen will.

Wir wollen mit diesem Beispiel, das wir aus der Sicht des Patienten geschildert haben, vor allem eins zum Ausdruck bringen: die Halluzination ist für den, der sie hat, etwas unumstösslich Wirkliches. Und zwar kommt dem Halluzinierten oft ein höherer Wirklichkeitsgrad zu als den übrigen Wahrnehmungen. Deswegen ist es für den halluzinierenden Patienten so überaus bestürzend, wenn andere Menschen seine Halluzinationen als „Einbildungen" bezeichnen; für den Patienten bedeutet das oft: wenn *das* nicht wirklich ist, gibt es überhaupt nichts mehr, worauf ich mich verlassen kann.

Wenn der Halluzinierende bei klarem Bewusstsein ist und sich selbst gar nicht als krank empfindet, so wird er nicht bereit sein, den Realitätscharakter seiner Halluzinationen zu ignorieren; er verlöre damit seine gesicherte Beziehung zur Realität überhaupt.

So kommt es oft dazu — wie es auch in unserem Beispiel der Fall war —, dass die Mitmenschen, die die Halluzination bestreiten, für böswillig oder für verrückt gehalten werden, was, vom Halluzinierenden her gesehen, ein durchaus berechtigter Schluss ist.

Schliesslich zeigt unser Beispiel auch noch ein Phänomen, das sich häufig (aber nicht immer) mit Halluzinationen verbindet: um sich den unerträglichen Zustand zu erklären, dass er etwas sehr Eindrucksvolles wahrnimmt, dessen Existenz die Mitmenschen abstreiten, zieht der Halluzinierende oft in seinem Denken Schlüsse oder stellt gedankliche Kombinationen her, die von aussen gesehen zwar eindeutig falsch sind, die aber für ihn zur unerschütterlichen Gewissheit werden. Man beachte aber: solche falschen Erklärungen sind *Gedanken* und nicht Wahrnehmungen. Wenn der Mann unseres Beispiels also schliesslich zu der Überzeugung kommt, seine Frau habe ein Verhältnis mit dem Psychiater, und die beiden wollten ihn verschwinden lassen, dann ist diese Überzeugung eine *Denkstörung*, nämlich ein sogenannter „Erklärungswahn".

Es ist wohl verständlich, dass wir bei besonnenen Halluzinierenden diese Art von Wahnbildung häufig antreffen; umso wichtiger ist es für eine exakte psychopathologische Beschreibung, zwischen der Halluzination (bei der immer etwas wahrgenommen wird) und dem Wahn (bei dem es sich um Gedanken handelt) zu unterscheiden. (Näheres über Wahn siehe Seite 107 ff.).

Ausser von der Illusion und dem Wahn müssen wir die Halluzination auch von der *Pseudohalluzination* unterscheiden. Darunter versteht man Halluzinationen, die zwar auch den Charakter von Wahrnehmungen haben, die aber vom Patienten doch als etwas Abnormes, Nicht-Reales, eben als „Trugwahrnehmung" erkannt werden.

Wenn also beispielsweise ein Patient berichtet, dass er an der Zimmerwand so etwas wie einen Zeichentrickfilm ablaufen sehe, der zwar ganz deutlich sei, aber natürlich in Wirklichkeit gar nicht da sein könne, weil ja kein Filmapparat im Zimmer sei, dann ist das keine „echte", sondern eine Pseudohalluzination, weil der Patient selbst nicht an ihre Realität „glaubt".

Das führt uns dazu, noch näher auf die Frage einzugehen, wie die Halluzinationen von den Patienten erlebt werden.

Aus dem eben Gesagten geht hervor, dass der *Realitätseindruck* von echten Halluzinationen eines ihrer konstanten Merkmale ist. Ebenso gehört es zu jeder echten Halluzination, dass sie — wenn auch mit verschiedenen Graden der Gewissheit — als von aussen kommend, bzw. *im Raum lokalisiert*, erlebt wird. Es ist nur eine scheinbare Ausnahme von dieser Regel, wenn manche Patienten ihre Halluzinationen *in ihrem eigenen Körper* wahrnehmen: wenn eine Patientin die Stimme des Teufels hört und gleichzeitig erklärt, diese Stimme käme aus ihrem Zwerchfell, dann ist auch das eine Lokalisation der Halluzination im Raum, nur eben an einer besonders bizarren Stelle des Raumes.

Umso erstaunlicher ist es, dass die *Deutlichkeit* von Halluzinationen keineswegs immer sehr gross ist. Neben solchen, die bis in alle Einzelheiten hinein genau und vollkommen deutlich wahrgenommen werden, gibt es auch ganz verschwommene, sozusagen „unsinnliche" Halluzinationen, die aber dennoch für den Patienten eine wirkliche Wahrnehmung der Aussenwelt darstellen. „Der Kranke sieht zwar ganz bestimmt einen ‚Hund', kann aber über Rasse, Farbe, Grösse, Stellung nichts aussagen."[12].

Auch die *Intensität* der Halluzinationen (die man nicht mit deren Klarheit gleichsetzen darf) kann von Fall zu Fall sehr wechselnd sein. Die Stimme Gottes kann ein gewaltiges Dröhnen oder zart wie ein Rascheln sein; der geöffnete Himmel kann in herrlichsten Farben leuchten oder wie eine verblasste Schwarz-Weiss-Photographie aussehen. Strahlen, die den Körper treffen, können ein fürchterliches Brennen oder nur ein sanftes Kribbeln bewirken, und so weiter.

Sehr wechselnd ist schliesslich auch das Mass, in dem die Patienten in ihren Halluzinationen gefühlsmässig ergriffen werden. (BLEULER: *Affekt- und Reaktionswert* der Halluzinationen.) Dieses Mass ist nicht nur unabhängig von Realitätseindruck, Intensität und Aussenlokalisation, sondern auch vom Inhalt der Halluzinationen. Der eine Patient kann ganz unbeteiligt von den

---

[12] BLEULER, a.a.O., S. 30.

schrecklichsten Dingen berichten, die er klar vor sich sieht, während ein anderer von einer undeutlichen Stimme, die in grossen Abständen ein paar scheinbar belanglose Worte flüstert, aufs tiefste gequält wird. Wenn der Patient sich von seinen Halluzinationen kaum oder gar nicht persönlich betroffen fühlt, bezeichnen wir sie als „ich-fern", im entgegengesetzten Fall als „ich-nah".

Es kann als grobe Faustregel gelten, wenn man sagt, dass die psychogenen und die schizophrenen Halluzinationen ich-näher, die organisch bedingten dagegen ich-ferner sind. Viele Ausnahmen kommen vor: Schizophrene können — besonders, wenn sie schon jahrelang Halluzinationen haben — diese ganz von sich „abspalten" und ganz ohne Gefühlsbeteiligung von ihnen berichten, während andererseits Halluzinationen nach Drogen-Konsum den Halluzinierenden in äusserste Panik oder in höchstes Glücksgefühl zu versetzen vermögen.

In bezug auf die *Sinnesbereiche*, in denen Halluzinationen auftreten können, ist mit BLEULER festzustellen: „Alles, was wahrgenommen wird, kann auch halluziniert werden"[13]. Allerdings bestehen Unterschiede in der Häufigkeit, mit der die verschiedenen Sinnesgebiete betroffen sind.

Am häufigsten sind die *Halluzinationen des Gehörs* (akustische Halluzinationen) anzutreffen. Es handelt sich dabei selten um Geräusche, Töne, Tierlaute; meistens werden Stimmen gehört. Diese Stimmen können nicht nur, wie gesagt, laut oder leise, klar oder undeutlich sein (unter Umständen so undeutlich, dass sie nicht als männlich oder weiblich unterschieden werden können), sondern sie besitzen auch in dem, *was* sie sagen, die grössten Variationsmöglichkeiten. Sie können den Halluzinierenden beschimpfen oder loben, sie können ihm gute Ratschläge oder absurde Befehle erteilen, sie können all sein Handeln mit geringschätzigen Kommentaren begleiten, sie können ein einziges Wort in wechselnder Tonlage ständig wiederholen. Mehrere Stimmen können sich miteinander unterhalten, sei es über den Patienten oder über tiefsinnige philosophisch-religiöse Fragen; sie können in ganzen Sprechchören auftreten oder nur aus dem kläglichen Weinen eines Kindes bestehen.

[13] BLEULER, a. a. O., S. 30.

Eine gewisse Sonderstellung nehmen die Stimmen ein, die die eigenen Gedanken des Patienten aussprechen (die dann also von aussen kommend wahrgenommen werden); bei diesem *„Gedankenlautwerden"* handelt es sich streng genommen um eine Kombination von formaler Denkstörung (siehe Seite 94 ff.) und Halluzination. (Ausserdem ist das Gedankenlautwerden ebenso wie das Auftreten von dialogisierenden Stimmen und Stimmen, die die Handlung des Patienten kommentieren, nach KURT SCHNEIDER „von ausserordentlichem diagnostischem Gewicht für die Annahme einer Schizophrenie".)[14]

*Optische Halluzinationen* oder „Visionen" sind zwar auch häufig, treten aber — im Gegensatz zu den akustischen — meistens nur bei solchen Patienten auf, deren Bewusstsein beeinträchtigt ist. Wir erwähnten früher schon, dass das delirante Syndrom und oft auch die Dämmerzustände durch das Auftreten von vorwiegend optischen Halluzinationen gekennzeichnet sind. Visionen bei besonnenen Menschen — also etwa bei Schizophrenen — sind selten.

*Geruchs- und Geschmackshalluzinationen*
*Halluzinationen des Tastsinnes* (haptische Halluzinationen) *und solche des Körper- und Organempfindens* sind ebenfalls beim deliranten Syndrom häufig anzutreffen, kommen aber auch bei anderen organisch bedingten Psychosen wie auch bei der Schizophrenie vor. Sie sind dann meistens von erklärenden Wahngedanken begleitet: die Patienten werden bestrahlt, ihre Organe werden durch von aussen kommende böse Mächte zerquetscht, zerstückelt, „verkrebst" und so weiter. Besonders häufig sind Körperhalluzinationen an den Geschlechtsorganen lokalisiert. Dass alle Halluzinationen, die den eigenen Körper betreffen, dem Arzt die Verpflichtung auferlegen, in jedem Falle nach möglichen organischen Ursachen zu suchen (bei deren Entdeckung man dann nicht mehr von Halluzinationen, sondern allenfalls noch von Illusionen sprechen könnte) ist selbstverständlich.

Wie steht es überhaupt mit dem Verhalten des „Normalen" ge-

[14] SCHNEIDER, a. a. O., S. 98.

genüber einem Menschen, der Halluzinationen hat? Zwar verlassen wir mit dieser Frage das Gebiet der Psychopathologie und wenden uns der praktischen Psychiatrie zu, aber die Wichtigkeit des Themas mag den Exkurs rechtfertigen. Weit mehr als die deliranten oder umdämmerten Halluzinierenden beeindrucken uns natürlich diejenigen, die bei klarem Bewusstsein sind. Während man bei bewusstseinsgetrübten Patienten ruhig versuchen kann (meistens mit geringem Erfolg), sie von der Unwirklichkeit ihrer oft quälenden Trugwahrnehmungen zu überzeugen, ist das bei Besonnenen nicht nur erfolglos, sondern bedeutet für diese Patienten nur noch eine zusätzliche Belastung. Zwar ist es durchaus falsch, etwa so zu tun, als nehme man die Halluzinationen des Patienten ebenfalls wahr. Von Schizophrenen kann man in solchem gutgemeinten Betrug verblüffend korrigiert werden, indem sie einem sagen: „Das glauben Sie doch selbst nicht, dass Sie das hören!"[15]

Wohl aber ist es richtig, dem Halluzinierenden — sei es durch Worte oder nur durch die eigene Haltung — zum Ausdruck zu bringen, dass man die Realität, die die Halluzination *für ihn* besitzt, anerkennt und gelten lässt. Das normal-psychologische Verständnis dessen, was Wahrnehmungen sind, und was sie für uns alle bedeuten, kann einem dabei eine grosse Hilfe sein.

Noch wesentlicher für die Einstellung des Beobachters gegenüber dem Halluzinierenden ist allerdings die Frage, welche theoretischen Vorstellungen er über die Entstehung von Halluzinationen hat.

Bei eindeutig organisch bedingten, das heisst durch irgendwelche pathologischen Reizungen des Gehirns entstandenen Halluzinationen ist die Frage nicht umstritten. Schon die in diesen Fällen meistens bestehende Bewusstseinsstörung zeigt ja, dass dieser Mensch „krank" ist, und es fällt nicht besonders schwer, einzusehen, dass eine Krankheit, die das Gehirn in Mit-

---

[15] Dieses gar nicht seltene Phänomen, das auch bei Wahnideen zu beobachten ist, kann nur durch die Bewusstseins- oder Persönlichkeitsspaltung des Schizophrenen erklärt werden: ein Teil des Bewusstseins ist von der Realität der Halluzination überzeugt, ein anderer Teil weiss darum, dass diese Realität nur subjektiv gilt.

leidenschaft zieht, auch abnorme seelische Erscheinungen wie Halluzinationen verursachen kann. Hinzu kommt, dass die organisch bedingten Halluzinationen entweder vom Patienten selbst als „ich-fern" erlebt werden, oder dass sie andernfalls dem Beobachter so abwegig oder übertrieben erscheinen, dass er sich nicht besonders tief von ihnen betroffen fühlt.

Anders ist es bei den schizophrenen oder psychogenen Halluzinationen, besonders bei denen, die ohne Bewusstseinsstörung einhergehen. Hier fragt es sich, welche theoretische Begründung der Beobachter ihnen zugesteht. Er hat – von Zwischenstufen abgesehen – die Wahl zwischen zwei Extremen. Entweder kann man alle Halluzinationen für Abfallprodukte einer gestörten Hirnfunktion ansehen (die organische Ursache der Schizophrenie gilt dann als „noch nicht entdeckt"), dann sind sie „Irrsinn", den man am besten ignoriert. Oder man kann die Annahme vertreten, dass Halluzinationen, die nicht auf nachweisbare Körperkrankheiten zurückzuführen sind, irgend etwas zu bedeuten haben müssen, dass sich in ihnen etwas Seelisches ausdrücken will, das sich anders nicht auszudrücken vermag. Wenn diese Auffassung sich mit der tiefenpsychologischen Einsicht verbindet, dass die Seele nicht nur aus den bewussten Anteilen besteht, sondern dass ein grosser Teil ihrer Kräfte, Inhalte und Motive unbewusst ist, dann können die Halluzinationen in die Nähe der Träume gerückt werden, von denen die Tiefenpsychologie ja auch überzeugt ist, dass sie in sinnvoller, wenn auch schwer verständlicher Weise, bedeutsame Mitteilungen aus dem Unbewussten überbringen.

Der Unterschied zwischen Träumen und Halluzinationen ist für diese Auffassung nicht ein grundsätzlicher, sondern nur ein gradueller. Beide, Träume wie Halluzinationen, sind nur insofern „Trugwahrnehmungen", als sie keine direkte Entsprechung in der Umwelt haben; sie sind aber hinsichtlich ihrer Bedeutung alles andere als „Trug", weil sie in bildhafter, symbolischer Form Aussagen über die unbewusste Wirklichkeit der Seele machen. Graduell sind sie allerdings deswegen sehr verschieden, weil die Träume des „Gesunden" nur im Schlaf auftreten (oder jedenfalls nur im Schlaf bemerkbar werden), während der Druck

60

der unbewussten Kräfte beim Schizophrenen so stark ist, dass die Halluzinationen auch bei klarem Bewusstsein wahrgenommen werden müssen. Es sei darauf hingewiesen, dass CARL GUSTAV JUNG der erste war, der in der Psychiatrie diese Auffassung vertrat. Wenn man sie teilt, wird man nicht umhin können, allen Halluzinationen mit Respekt zu begegnen. Aber auch der Skeptiker, der solchen Theorien abhold ist, wird gelegentlich mit Halluzinationen konfrontiert, die er kaum als Irrsinn vom Tische wischen kann. Die historisch überlieferten Visionen vieler Mystiker zum Beispiel – innerhalb wie ausserhalb des Christentums – sind zwar gemäss der psychopathologischen Definition „Halluzinationen", aber man wird sie nicht gut als Ausgeburten eines kranken Gehirns ansehen können, ohne sich der Barbarei schuldig zu machen[16].

Halluzinationen religiösen Inhaltes findet man aber nicht nur in der Geschichte der Heiligen und Mystiker überliefert, sondern man kann ihnen täglich auch heute in der psychiatrischen Klinik begegnen. Oft wird man dabei Verzerrtes, Befremdliches oder auch anscheinend Banales finden; manchmal wird man mindestens die subjektiv grosse Bedeutung des Halluzinierten ermessen können, wenn man bereit ist, auf eine symbolische Ausdrucksweise achtzugeben; selten wird man – dann aber mit umso grösserer Betroffenheit – zum Mitwisser von Halluzinationen gemacht, deren zugleich erhabene und erschreckende Inhalte einem die Frage nahelegen, ob nicht dieser „Patient" deswegen „Leidender" sei, weil ihm Übermenschliches zugemutet wird.

*Blick auf die Psychiatrie*

In den vorausgegangenen Beschreibungen der Wahrnehmungsstörungen konnten wir gar nicht umhin, auch schon wiederholt Hinweise auf ihre verschiedenen Entstehungsmöglichkeiten zu geben; diese seien aber hier nochmals zusammengefasst.

*Die quantitative Störung der Überempfindlichkeit* findet sich im Zusammenhang mit Überwachheit, sodann aber auch als Be-

---

[16] Vgl. z.B. M.-L. VON FRANZ, Die Visionen des Niklaus von Flüe, Studien aus dem C.G. Jung-Institut Zürich, Bd. IX, Zürich und Stuttgart 1959.

gleiterscheinung aller möglichen körperlichen Krankheiten oder als Symptom seelischer Erschöpfung. Schliesslich kann sie Ausdruck einer hysterischen Reaktion, einer neurotischen Entwicklung, oder auch einer psychopathischen Konstitution sein. Bei endogenen Psychosen kann sie zwar vorkommen, ist aber nicht charakteristisch.

*Unterempfindlichkeit* ist meistens ein Ausdruck herabgesetzten Bewusstseins. Selten ist sie Folge grosser psychischer Erregung (fehlende Wahrnehmung einer Verletzung bei Panik); bei Apathie oder im Stupor ist weniger die Wahrnehmung selbst, als vielmehr die Reaktion darauf herabgesetzt.

Von den *Trugwahrnehmungen* sind die flüchtigen oder korrigierbaren *Illusionen* etwas Alltägliches; gefördert wird ihr Zustandekommen durch affektiven Druck sowie durch Bewusstseinsstörungen. Anhaltende Illusionen kommen im deliranten Syndrom, in Dämmerzuständen und bei der Schizophrenie vor.

Bei den *Halluzinationen* ist es besonders wichtig zu unterscheiden, ob sie bei Besonnenheit oder in Zuständen veränderten Bewusstseins vorkommen. Bei klarem Bewusstsein geben Halluzinationen Anlass zur Differentialdiagnose zwischen Schizophrenie, gewissen Vergiftungen (akute und chronische Weckaminintoxikation, Alkoholhalluzinose) und psychogenen (hysterischen) Ausnahmezuständen.

Die Halluzinationen bei Besonnenheit sind weit häufiger akustisch als optisch.

Bei Halluzinationen im Zusammenhang mit Bewusstseinsstörungen (delirantes Syndrom und Dämmerzustände) ist eher an körperlich bedingte Psychosen zu denken. Diese Halluzinationen sind eher optischer als akustischer Art.

# III. Das Gedächtnis und seine Störungen

## Das Gedächtnis

Es ist kaum möglich, zusammenhängende psychologische Aussagen über die Seele zu machen, ohne dabei – direkt oder indirekt – das Gedächtnis zu erwähnen.

So sind wir dem Gedächtnis auch in beiden bisher behandelten Bereichen schon begegnet: bei der Wahrnehmung als ,,Erfahrungskomponenten'', mit denen die Sinnesempfindungen zusammengebracht werden müssen, damit Wahrnehmungen entstehen können; und beim Bewusstsein als Substrat des Zusammenhanges, also als Voraussetzung für Orientierung und Besonnenheit, sowie für die Kontinuität des Ichbewusstseins.

Alles Wahrnehmen ist, unter dem Gesichtspunkt des Gedächtnisses betrachtet, ein Wiedererkennen; alles Ichbewusstsein ist nur dadurch möglich, dass das Gedächtnis ,,die fortdauernde Wirksamkeit des Vergangenen''[1] garantiert.

Aber auch, als wir kurz von den ,,Vorstellungen'' sprachen, war indirekt vom Gedächtnis die Rede: dass ich mir den Inhalt vergangener Wahrnehmungen wieder ,,vorstellen'', das heisst erneut bewusst machen kann, ist eine der klarsten Gedächtnisleistungen[2].

IMMANUEL KANT hat das Gedächtnis definiert als ,,das Vermögen, sich vorsätzlich das Vergangene zu vergegenwärtigen''[3]. Diese Definition ist jedoch, angesichts der vielfältigen experimentellen Forschungen und psychologischen Betrachtungen, die man dem Gedächtnis seither gewidmet hat, zu eng geworden. Denn erstens arbeitet das Gedächtnis keineswegs immer willkürlich, zweitens ist mit Gedächtnis auch das Vermögen gemeint – sei es

[1] J. DELAY, P. PICHOT: Medizinische Psychologie, 3. Aufl. Stuttgart 1971, S. 157.
[2] Siehe ROHRACHER, a.a.O., S. 244.
[3] Zitiert nach G. KLOOS, Grundriss der Psychiatrie und Neurologie, 4. Aufl. München 1957, S. 147.

willkürlich oder unwillkürlich –, Neues aufzuspeichern; und drittens bezeichnet das Wort auch jenen „Speicher" selbst, in dem das Vergangene aufgespeichert liegt.

Jene schon zitierte viel weitere Definition, die das Gedächtnis als „die fortdauernde Wirkung des Vergangenen" bezeichnet, wird einer Einsicht gerecht, die schon in der Mitte des vorigen Jahrhunderts von C. G. CARUS geäussert wurde, und die der Physiologe EWALD HERING 1870 in einer auch heute noch modern anmutenden Rede formulierte: das Gedächtnis ist in seinem weitesten Sinne nicht nur ein Vermögen des Menschen und der (höheren) Tiere, sondern es ist, wie es in der Überschrift dieser Rede heisst, „eine allgemeine Funktion der organisierten Materie"[4]. HERING weist besonders auf die Tatsachen der Vererbung hin, die ja ein Reproduzieren und Weitergeben von „erinnerten" Formen darstellen, um anschaulich zu machen, dass es ein „Gedächtnis der Organischen Substanz" gibt[5], das jeder lebenden Zelle zukommt.

Diese Tatsache ist bis heute unbestritten. Vermögen doch selbst einzellige Lebewesen in einem elementaren Sinne zu „lernen" und das Gelernte zu „behalten"; ganz abgesehen von Beispielen wie diesem: „Bestimmte Meereswürmer, bei denen das periodische Eingraben in den Sand im gleichen Rhythmus wie Ebbe und Flut abläuft, bewahren sich im Aquarium für einige Tage die gleiche periodische Verhaltensweise"[6].

Natürlich ist dieses sehr weit gefasste „Gedächtnis der Organischen Substanz" etwas gänzlich Unbewusstes, aber schon HERING wies darauf hin: „Leicht erkennt man bei näherer Betrachtung, dass das Gedächtnis nicht eigentlich als ein Vermögen des Bewussten, sondern vielmehr des Unbewussten anzusehen ist."[7]

Und wenn HERING, im Hinblick auf sehr lebhafte Vorstellun-

---

[4] EWALD HERING, Über das Gedächtnis als eine allgemeine Funktion der organisierten Materie, Wien 1876. Abgedruckt unter dem Titel „Über das Gedächtnis" in: Deutscher Geist, ein Lesebuch aus zwei Jahrhunderten, Berlin o. J. Bd. II, S. 726 ff.

[5] HERING, a. a. O., S. 743.

[6] DELAY, a. a. O., S. 157.

[7] HERING, a. a. O., S. 733.

gen, die wir uns von vergangenen Wahrnehmungen machen können, schreibt: „Dies zeigt uns in schlagender Weise, dass, wenn auch die bewusste Empfindung und Wahrnehmung bereits längst verloschen ist, doch in unserem Nervensystem eine materielle Spur zurückbleibt, eine Veränderung des molekularen oder atomistischen Gefüges, durch welche die Nervensubstanz befähigt wird, jene physischen Prozesse zu reproduzieren, mit denen zugleich der entsprechende psychische Prozess, d.h. die Empfindung und Wahrnehmung gesetzt ist."[8], — dann müssen wir zugeben, dass man auch heute, hundert Jahre später, im Prinzip nichts Genaueres über die physiologische und anatomische Seite des Gedächtnisses sagen kann. Ihm liegen „Veränderungen des molekularen Gefüges" in der „Nervensubstanz" des Gehirns zugrunde.

Während man über die „Schrift", mit der die Erbeigenschaften in den Genen des Zellkerns aufgeschrieben sind (also über den „genetischen Code") in den letzten Jahren die erstaunlichsten Entdeckungen gemacht hat, sind Einzelheiten darüber, wie die Gedächtnisinhalte im Gehirn festgehalten werden, immer noch nicht genau bekannt. Nur so viel steht fest: die zu Anfang unseres Jahrhunderts aufgestellte Hypothese des Zoologen RICHARD SEMON ist falsch, nach der jeder „Erlebniseindruck" an bestimmten Stellen des Gehirns eine umschriebene Spur, das sogenannte „Engramm" hinterliesse.

Zwar wird in der Psychiatrie auch heute noch von „Engrammen" gesprochen, man meint damit jedoch nicht mehr umschriebene Hirngebiete, in denen der betreffende Gedächtnisinhalt „eingezeichnet" sei, sondern man vermutet, dass an jeder einzelnen Gedächtnisleistung ausgedehnte, sich dauernd überschneidende Bereiche des Gehirns (und vermutlich nicht nur der Grosshirnrinde) funktionell beteiligt sind.

Die vielfältigen Resultate der experimentellen Gedächtnisforschung (die mit den berühmten Versuchen von HERMANN EBBINGHAUS 1885 begannen), brauchen uns hier nicht näher zu beschäftigen. Für die Zwecke der Psychopathologie genügen wenige Fakten zur Charakterisierung des Gedächtnisses.

[8] a.a.O., S. 732.

Zunächst legen die Störungen des Gedächtnisses eine grobe
Einteilung nahe, die man nicht umgehen kann, auch wenn sie
normal-psychologisch von ganz untergeordneter Bedeutung ist.
Wir unterscheiden drei voneinander unabhängig störbare Bestandteile des Gedächtnisses:

1) *das Frischgedächtnis.* Es enthält diejenigen Gedächtnisinhalte,
die erst vor wenigen Sekunden, Minuten oder Stunden aufgenommen wurden. Leider wird es von manchen Autoren auch
als „Merkfähigkeit" bezeichnet, was die falsche Annahme erzeugen kann, als beträfe das Frischgedächtnis nur willkürlich
Eingeprägtes oder „Gemerktes". —
Neuerdings bezeichnet man das Frischgedächtnis auch als
„Puffergedächtnis".

2) *das Altgedächtnis* enthält diejenigen Erinnerungen, die Tage,
Monate oder Jahre zurückliegen. Das Altgedächtnis wird oft
auch „Erinnerungsfähigkeit", manchmal einfach „Gedächtnis"
genannt.

3) *als Reproduktionsfähigkeit* bezeichnet man in der Psychopathologie die Fähigkeit, die im Speicher des Gedächtnisses vorhandenen Inhalte willkürlich wieder hervorzubringen. Dieses
Wiedererinnern nennt BLEULER (im Anschluss an SEMON)
„Ekphorieren".

Sodann ist es für die Pathologie des Gedächtnisses von grosser
Wichtigkeit, zu erkennen, wie stark das Gedächtnis in allen seinen
Aspekten von der Affektivität her beeinflusst wird. Beim willkür-
lichen Auswendiglernen ist die Leistungsfähigkeit des Gedächtnisses abhängig von der augenblicklichen Stimmung des Individuums, aber auch von seiner Gefühlseinstellung zu dem zu ler-
nenden Stoff. Das unwillkürliche Behalten wird deutlich von den
begleitenden Gefühlen gefördert oder gemindert: angenehme Ereignisse oder Eindrücke werden besser behalten als unangehehme;
unangenehme wiederum besser als gleichgültige.
Aber nicht nur die Leichtigkeit des Einprägens und die Bereitschaft zum Behalten sind von der Affektivität abhängig, sondern
auch die „Engramme" selbst können durch die Einwirkung von
Gefühlen umgestaltet werden. Dass schliesslich die Reproduk-

66

tionsfähigkeit in hohem Masse durch Affekte gestört oder gefördert werden kann, hat fast jeder schon in irgend einer Examenssituation erlebt. Zur Kennzeichnung des Gedächtnisses ist es also im Rahmen der Psychopathologie wichtig, seine mangelnde Objektivität, die aus seiner Gefühlsabhängigkeit resultiert, zu betonen.

Schliesslich ist in unserem Zusammenhang auch noch die Tatsache bedeutungsvoll, dass die nicht bewusst werdenden Engramme das augenblickliche Verhalten eines Menschen mindestens genauso stark – wenn nicht noch stärker – prägen können, wie es die bewusst werdenden Bestandteile des Gedächtnisses tun. Die im Gedächtnis enthaltenen, aber nicht bewusst werdenden Inhalte, die dennoch sehr stark auf die bewussten Handlungen, Motive, Gefühle, Gedanken, Strebungen und so weiter einwirken können, wurden in der Bewusstseins-Psychologie als „Erfahrungsgedächtnis" bezeichnet, spielten dort jedoch keine grosse Rolle. Zu hervorragender Bedeutung sind sie erst durch die Tiefenpsychologie gekommen: sowohl die „Verdrängungen" der FREUDschen Psychoanalyse als auch die Inhalte des „Kollektiven Unbewussten" nach JUNG müssen irgendwo im Gedächtnis aufbewahrt sein und von daher ihre Wirkung ausüben; bei FREUD als etwas aus dem bewussten Gedächtnis früher einmal Eliminiertes, bei JUNG als etwas im „unbewussten Gedächtnis der organischen Materie" von jeher Vorgegebenes. Und damit kehren wir noch einmal zu EWALD HERING zurück:

„Man versteht unter Gedächtnis oft nur unsere Fähigkeit, Vorstellungen oder Vorstellungsreihen absichtlich zu reproduzieren. Aber wenn ungerufen die Gestalten und Ereignisse vergangener Tage wieder heraufsteigen und in unserem Bewusstsein walten, heisst das nicht auch, ihrer gedenken? Man hat das volle Recht, den Begriff des Gedächtnisses auf alle nicht gewollten Reproduktionen von Empfindungen, Vorstellungen, Gefühlen und Strebungen auszudehnen, und sobald dies geschieht, erweitert sich das Gedächtnis zu einem Urvermögen, welches der Quell und zugleich das einende Band unseres ganzen bewussten Lebens ist."[9]

[9] HERING, a. a. O., S. 731.

### Die Störungen des Gedächtnisses

Hier sind verschiedene Prinzipien der Einteilung möglich. Man kann nach den Ursachen einteilen und dann die organisch bedingten von den funktionellen oder psychogenen Gedächtnisstörungen unterscheiden.

Oder man kann nacheinander die Störungen des Frischgedächtnisses, des Altgedächtnisses und der Reproduktionsfähigkeit betrachten.

Man kann aber auch hier wieder die quantitativen von den qualitativen Störungen abgrenzen, und nach diesem Prinzip wollen wir um der Einheitlichkeit willen auch jetzt wieder vorgehen.

#### a) Die quantitativen Störungen des Gedächtnisses

Theoretisch interessant, aber praktisch von geringer Bedeutung sind Zustände, in denen das (Alt-)Gedächtnis dem Bewusstsein *zu viel* Material liefert, in denen also der Mensch gegen seinen Willen von Gedächtnisinhalten überschwemmt wird.

Solche *Hypermnesien* kommen zum Beispiel im Fieberdelir vor: sehr lebhafte Kindheitserinnerungen steigen überdeutlich auf, oder auch ganz banale Szenen der jüngeren Vergangenheit müssen wiederholt erinnert werden, längst vergessene Gedichte oder Reklamesprüche fallen einem massenhaft wieder ein, und so weiter. Es handelt sich dabei aber nicht etwa um Halluzinationen (wie sie im Delir ja auch vorkommen können), sondern um nicht wahrgenommene, nur gedachte oder vorgestellte Erinnerungen. —

Ausser in Delirien kommen Hypermnesien nur noch in der Schizophrenie, aber dort nur sehr selten vor, so dass die Psychopathologen (mit Ausnahme von K. W. BASH[10], der ihnen interessante Aspekte abgewinnt) sich mit dieser Störung nur wenig beschäftigt haben.

Sehr viel bedeutungsvoller ist die *Verminderung* der Gedächt-

---

[10] K. W. BASH, Lehrbuch der allgemeinen Psychopathologie, Stuttgart 1955, S. 164f.

nisinhalte. Man kann sie als „diffuse Hypomnesie" bezeichnen, geläufiger ist jedoch, auch in der Fachsprache, die Bezeichnung: Erinnerungsschwund oder Gedächtnisschwund. Diese „eigentlichen oder echten Gedächtnisstörungen"[11] sind immer organisch bedingt. Wenn sie als Begleitsymptome akuter Hirnkrankheiten auftreten, sind sie meistens vorübergehend, werden oft von anderen Symptomen, die auffälliger sind, überdeckt und sollten dann nicht als Gedächtnis-„Schwund", sondern nur als Gedächtnis-„Störung" bezeichnet werden.

Von Gedächtnisschwund kann man nur sprechen, wenn es sich um bleibende Ausfälle handelt, wie sie vor allem bei chronischen diffusen Erkrankungen des Hirns auftreten. Da diese Art der Gedächtniseinbusse in leichter Form bei einem hohen Prozentsatz alter Menschen anzutreffen ist, ist die Symptomatik ganz allgemein bekannt.

So weiss man, dass es für die „Altersvergesslichkeit" charakteristisch ist, dass das Frischgedächtnis von ihr viel stärker betroffen ist als das Altgedächtnis. Wenn alte Menschen über ihr schlechtes Gedächtnis klagen, so meinen sie damit immer, dass sie Neues, frische Daten nicht behalten können, während es ihnen selbstverständlich ist, dass alles Frühere noch vollkommen zur Verfügung steht.

Dieses physiologische Nachlassen des Frischgedächtnisses im Alter sollte man nicht als etwas Pathologisches ansehen und bezeichnen. Man hat manchmal sogar den Eindruck, dass die Einstellung des Menschen zu diesem Alterungsvorgang mindestens teilweise darüber bestimmt, wie rasch und bis zu welchem Grade er fortschreitet. Alte Menschen, die vor der Tatsache ihres nachlassenden Frischgedächtnisses einfach kapitulieren und sie als einen Anlass betrachten, sich aus der Gegenwart zurückzuziehen, scheinen oft viel schneller zu pathologischen Graden des Gedächtnisschwundes zu kommen als solche, die ihre Alterseinbussen zwar im ganzen akzeptieren, aber dem Frischgedächtnis beispielsweise dadurch nachhelfen, dass sie erst recht rege am Neuen teilnehmen, sich weiterhin „auf dem laufenden halten", Neues aus-

[11] BLEULER, a. a. O., S. 53.

wendiglernen, und so weiter. Die erstaunliche Gedächtnisfrische, die solche Menschen sich erhalten können, ist natürlich nicht mit Sicherheit eine Folge ihrer Anstrengungen, sondern kann — zusammen mit anderen Eigenschaften — deren Ursache sein; aber die gegenteilige Beobachtung legt doch die Vermutung nahe, dass mangelnde geistige Aktivität des alten Menschen dessen Gedächtnisschwund fördern kann. Ich meine die Beobachtung, dass alte Menschen, die mit noch relativ gutem Frischgedächtnis in eine Klinik gebracht werden, dort erschreckend rasch seelisch verfallen können, keinerlei Anteil mehr an der Gegenwart nehmen und dann ihr Frischgedächtnis innert kurzer Zeit weitgehend verlieren können, geradezu so, als gäbe es auch für das Gedächtnis — wie für die Muskeln — eine ,,Inaktivitätsatrophie", das heisst eine Rückbildung infolge zu geringer Benutzung.

Erst bei Ausfällen des Frischgedächtnisses, die zu deutlichen Störungen in anderen psychischen Bereichen führen: so vor allem zu Störungen der Orientierung, zur Erschwerung der Auffassung, zur Verarmung des Denkens, und schliesslich zum Abbau von Intelligenz, sollte man durch Anwendung einer psychopathologischen Bezeichnung zum Ausdruck bringen, dass es sich hier um eine krankhafte Veränderung handelt. Das durch chronische diffuse Hirnschädigungen bedingte psychopathologische Syndrom, das vor allem durch Gedächtnisstörungen gekennzeichnet ist, nennen wir mit BLEULER[12] das *amnestische Psychosyndrom*[13].

Für das amnestische Psychosyndrom (das nur besonders häufig, aber keineswegs immer altersbedingt ist) ist es in jedem Falle typisch, dass das Frischgedächtnis eher und stärker in Mitleidenschaft gezogen ist, als das Altgedächtnis. In schweren Fällen haben solche Patienten überhaupt keine Gegenwarts-Orientierung mehr, sondern leben — wahnhaft — ausschliesslich in der Vergangenheit, die dann bezeichnenderweise meistens nur noch ihre angenehmen Züge besitzt. Hier macht sich die schon erwähnte Tendenz des Gedächtnisses geltend, das Angenehme besser zu

[12] BLEULER, a. a. O., S. 53.
[13] Es stellt also einen Spezialfall des übergeordneten ,,organischen Psychosyndroms" dar.

70

bewahren als das Negative. Nicht selten wird man, mit solchen Patienten in der grauen Eintönigkeit einer Altersabteilung konfrontiert, geradezu einen Sinn darin zu erblicken meinen, dass die Abnahme des Gedächtnisses diese Menschen aus der Gegenwart in eine rosig erscheinende Vergangenheit entführt, in der manche von ihnen anscheinend ungetrübt den Rest ihrer Tage verbringen.

Begleitsymptome hochgradiger Störungen des Frischgedächtnisses sind Konfabulation und Perseveration.

Unter *Konfabulation* versteht man die merkwürdige Erscheinung, dass Menschen mit gestörtem Frischgedächtnis die im Gespräch entstehenden Lücken (die sie eigentlich mit Inhalten ihres Frischgedächtnisses füllen müssten) oft dadurch überbrükken, dass sie irgend etwas daherreden; seien es erfundene Geschichten, völlig danebengehende Auskünfte oder sinnlose Gesprächsfloskeln.

Als *Perseveration* bezeichnet man die mehrmalige Wiederholung desselben Gedankens, derselben Antwort oder auch derselben Handlung, obgleich sinngemäss eine neue Reaktion fällig wäre.

Gelegentlich können Patienten mit schweren Störungen des Frischgedächtnisses, die gar nicht mehr in der Lage sind, ein Gespräch zu führen, so geschickt konfabulieren und gewisse Gesprächsfloskeln perseverieren, dass ein unaufmerksamer Zuhörer über lange Zeit nicht merkt, dass der Patient überhaupt nichts auffasst. Dies wird oft noch dadurch verstärkt, dass höfliche Umgangsformen, freundliches Lächeln, teilnahmsvoller Gesichtsausdruck und so weiter oft noch lange ,,gekonnt'' werden, obgleich mit dem Gedächtnis auch die Intelligenz schon weitgehend abgebaut ist.

*Isolierte Störungen des Altgedächtnisses* kommen praktisch nicht vor. Die organischen Gedächtnisstörungen gehen in der Zeit rückwärts: je länger sie dauern, desto weiter reichen sie in die Vergangenheit zurück, aber sie beginnen nie dort. Die Jugend- und Kindheitserinnerungen bleiben am längsten erhalten, und dieser Umstand dürfte zum ,,kindlichen'' Wesen altersveränderter Menschen wesentlich beitragen. Nur in ganz schweren Fällen von Hirnabbau geht der Gedächtnisschwund so weit, dass die Patienten das Wissen um ihre Herkunft und ihren Namen für dauernd verlieren; dann wird deutlich, welche grosse Rolle das Gedächtnis nicht nur für die allgemeine Orientierung, sondern speziell für das Ichbewusstsein spielt.

Zu den quantitativen Störungen gehören auch jene zeitlich oder inhaltlich genau umgrenzten Lücken im Gedächtniszusammenhang, die man *Amnesien* nennt. Wir haben früher schon erwähnt, dass Zustände von gestörtem Bewusstsein häufig der Amnesie verfallen. Beim Koma leuchtet das ohne weiteres ein, aber etwa bei Dämmerzuständen (ganz besonders, wenn es sich um orientierte Dämmerzustände handelt) mutet es fast unglaublich an, dass der Mensch sich an jenen Zeitraum nicht zu erinnern vermag.

Die meisten Amnesien sind (wie ja auch die meisten Bewusstseinsstörungen) organisch bedingt. Besonders bei denjenigen Gedächtnislücken, die durch Hirnverletzungen entstehen, ist gelegentlich zu beobachten, dass die Lücke, wie sich nachträglich herausstellt, schon einige Zeit *vor* dem Zeitpunkt der Hirnschädigung beginnt, dass also auch solche Gedächtnisinhalte mit ausgelöscht wurden, die in der Zeit des noch ganz ungestörten Bewusstseins aufgenommen wurden. Solche *„retrograden Amnesien"* können zum Beispiel die Rekonstruktion eines Unfalles (nach welchem sie besonders oft auftreten) unmöglich machen, weil der Geschädigte sich an den letzten Zeitabschnitt *vor* dem Unfall ebenso wenig erinnern kann wie an den Unfall selbst.

Zu den Amnesien kann man auch, wie zum Beispiel BASH es tut[14], die früher schon erwähnten *Agnosien* (Seelentaubheit, Seelenblindheit usw.) rechnen, indem man sagt, dass diesen Störungen ein eng umschriebener Gedächtnisverlust z.B. für die Bedeutung eines Wortklanges usw. zugrunde liegt. Da die Agnosien jedoch mehr als neurologische denn als psychiatrische Krankheitssymptome anzusehen sind, werden sie in der Psychopathologie im allgemeinen nicht ausführlich behandelt.

Wichtig ist es jedoch, darauf hinzuweisen, dass Amnesien auch

[14] a.a.O., S. 173ff.

psychisch bedingt sein können. Solche *emotionellen Amnesien* (die man im Gegensatz zu den organisch bedingten auch „funktionelle" oder „psychogene Amnesien" nennen kann) sind oft nicht vollständig, das heisst: das vergessene Ereignis wird nur ganz verschwommen oder nur bruchstückhaft erinnert; viel häufiger, als es bei den organischen Amnesien der Fall ist, können sich die psychisch bedingten Gedächtnislücken nach längerer Zeit auch wieder mit zutreffenden Inhalten füllen. Solche emotionellen Amnesien kommen nach schweren Gefühlserschütterungen oder nach allen möglichen „Ausnahmezuständen" vor; manchmal können sie ihren Grund auch darin haben, dass das „Vergessene" einfach unerträglich ist, und dass deswegen „nicht sein kann, was nicht sein darf".

JASPERS zitiert in diesem Zusammenhang Nietzsche: „Dies habe ich getan, sagt mein Gedächtnis; dies kann ich nicht getan haben, sagt mein Stolz; schliesslich gibt das Gedächtnis nach."[15]

Wie man merkt, kommen wir damit zu jenen Ausfällen, die in der Tiefenpsychologie weniger im Zusammenhang mit dem Gedächtnis, als vielmehr im Rahmen der Polarität Bewusst-Unbewusst behandelt und die deswegen dort auch nicht „Amnesien", sondern *„Verdrängungen"* genannt werden. – Aber dieser Hinweis muss hier genügen.

### b) Die qualitativen Störungen des Gedächtnisses

Bei diesen handelt es sich nicht um Gedächtnisschwund oder Gedächtnislücken, sondern um Veränderungen oder *Verfälschungen* der Gedächtnisinhalte.

Wir sagten schon früher, dass das Gedächtnis keineswegs ein objektiver Erinnerungsspeicher ist, sondern dass sowohl das Aufnehmen als auch das Bewahren von Inhalten sehr stark von Gefühlseinwirkungen beeinflusst wird.

In welchem Masse das auch im alltäglichen Leben gilt, zeigt das folgende Beispiel: Zwei junge Mädchen haben ihre Ferien miteinander im selben Hotel verbracht. Hinterher berichtet die

---

[15] JASPERS, a. a. O., S. 146.

eine, das Hotel sei komfortabel, die Landschaft lieblich, das Essen vorzüglich und das Wetter fast immer sonnig gewesen. Die andere dagegen versichert, es habe fast ständig geregnet, die Landschaft sei eintönig, das Hotel scheusslich und das Essen ungeniessbar gewesen. Die beiden haben sonst einen sehr ähnlichen Geschmack, und keine von beiden „lügt". Aber die erste hat in jenen Ferien einen jungen Mann kennengelernt, mit dem sie bis heute befreundet ist, während die zweite diesbezüglich eine Enttäuschung erlitt. Die Gefühlseinstellung zu jenen Ferien, die bei der ersten natürlich positiv, bei der zweiten negativ ist, hat also auch die Einzelheiten, die im Gedächtnis aufbewahrt bleiben, verändert: bei der einen wurden sie rosig, bei der anderen eher düster umgefärbt. In pathologischen Fällen können solche Gedächtnisfälschungen hohe Grade annehmen. So können Depressive ihre ganze Vergangenheit in den düstersten Farben sehen; Manische können ganz alltägliche Leistungen, die sie vor ihrer Krankheit vollbracht haben, in der Manie als phantastische Heldentaten erinnern. Werden reale Gedächtnisinhalte in dieser Weise umgeformt, spricht man von *„Gedächtnis-Illusionen".* Dementsprechend sind *„Gedächtnis-Halluzinationen"* Neuprägungen von Erinnerungen, denen gar nichts Vergangenes entspricht. Beides trifft man häufig bei Schizophrenen im Zusammenhang mit Wahnideen an; aber auch unser alltägliches Beispiel enthält bereits illusionäre Verkennungen der Vergangenheit.

Bei Menschen, die in krankhafter Weise lügen — sei es aufgrund einer psychopathischen Konstitution oder infolge einer neurotischen Entwicklung —, ist das Gedächtnis manchmal bereit, mitzuspielen: bei einer schweren Form des krankhaften Lügens, der sogenannten *„Pseudologia phantastica",* kommt es dazu, dass der Mensch die phantastischen Geschichten, die er von sich erzählt (meistens besonders verdienstvolle oder besonders mitleiderregende Erlebnisse), schliesslich selber glaubt; sein Geltungsbedürfnis hat so oft behauptet: das habe ich erlebt, dass sein Gedächtnis schliesslich zustimmt.

*Die Störungen der Reproduktionsfähigkeit* lassen sich nicht eindeutig den qualitativen Störungen des Gedächtnisses zuordnen; sie stellen eigentlich eine Gruppe für sich dar. Wieder kennt jeder diese Art der Unzuverlässigkeit des Gedächtnisses aus alltäglichen Situationen: ein Name „liegt mir auf der Zunge", aber ich kann ihn nicht finden; eben wollte ich noch etwas Wichtiges sagen, aber jetzt komme ich nicht mehr darauf, und so weiter. Die schon erwähnte Examenssituation macht aufs peinlichste deutlich, dass das Reproduktionsvermögen etwas anderes ist als das Altgedächtnis: vor dem Examen und unmittelbar danach kann das nötige Wissen vollkommen gegenwärtig sein, und doch kann es während des Examens nicht reproduziert werden.

Möglicherweise sind die formalen Denkstörungen des „Gedankenabreissens" und der „Gedankensperrung" (siehe S. 94f.) auch als Störungen der Reproduktionsfähigkeit aufzufassen.

In allen Fällen von deutlich gestörter Reproduktion (also immer dann, wenn das scheinbar Vergessene bald darauf wieder „einfällt") ist als Ursache ein starkes Gefühl anzunehmen; sei es als Angst vor dem Versagen des Gedächtnisses, als Widerstand gegen das zu Erinnernde oder als diffuse starke Gefühlsbelastung. (In grosser Erregung, z.B. nach einem miterlebten Unfall, ist man unter Umständen nicht in der Lage, die noch ganz frische Erinnerung zu reproduzieren.)

*Blick auf die Psychiatrie*

Die bleibenden quantitativen Gedächtnisstörungen, die zunächst immer das Frischgedächtnis betreffen und dann allmählich auch auf das Altgedächtnis zurückgreifen, sind immer Auswirkungen chronischer diffuser Hirnschädigungen. Sie bilden das Hauptsymptom des amnestischen Psychosyndroms.

Die Gedächtnislücken (= Amnesien) sind vorwiegend, aber nicht ausschliesslich, hirnorganisch bedingt. Sie können auch psychische Gründe haben, sind dann aber meistens unvollständig und eher reversibel als die organischen.

Die qualitativen Störungen des Gedächtnisses oder Gedächtnis-Verfälschungen kommen durch Einwirkung der Affektivität auf das Gedächtnis zustande und sind in leichter Form etwas fast Alltägliches. Bei ausgeprägten Formen spricht man von Gedächtnis-Illusionen und -Halluzinationen. Diese findet man häufig bei Schizophrenen, gelegentlich bei Depressiven und Manischen. Sie ermöglichen ausserdem die Pseudologia phantastica.

Störungen der Reproduktionsfähigkeit können bei jedem Menschen unter starkem affektivem Druck auftreten.

# IV. Das Denken und seine Störungen

## Das Denken

Von dem griechischen Naturforscher Archimedes, der im 3. Jahrhundert vor Christus lebte, wird der Ausspruch berichtet: „Gib mir einen Punkt, auf dem ich stehen kann, und ich werde die Erde bewegen." Er meinte damit offenbar einen festen Punkt *ausserhalb* der Erde, und man verwendet die Rede vom „archimedischen Punkt" heute gern, um zum Ausdruck zu bringen, dass man auf ein in sich geschlossenes System erst dann einwirken kann, wenn man sich ausserhalb desselben befindet.

Auf einen archimedischen Punkt ausserhalb des Denkens müsste man sich begeben können, um das Denken zu beschreiben. Aber wo auch immer man seinen Standpunkt beziehen mag: den des Psychologen in der Denkpsychologie, den des Philosophen in der Erkenntnislehre, Logik oder Metaphysik, oder schliesslich den des Neurophysiologen in der Biologie — man kann von den verschiedenen Punkten her zwar viele Tatsachen über den Denkvorgang, über die Denkgesetze, über die körperlichen Begleiterscheinungen des Denkens anhäufen, aber zuletzt kommt man immer wieder dazu, dass man anhand dieser Tatsachen über das Denken nachdenkt, und also den archimedischen Punkt *ausserhalb* des Denkens entbehren muss. Und selbst wenn man, wie in der Denkpsychologie, die subtilsten Selbstbeobachtungen und die scharfsinnigsten Experimente mit anderen anstellt: es bleibt dabei, dass die so gewonnenen Beobachtungen *bedacht* werden müssen, und es zeigt sich immer wieder, dass das Denken das Denken nicht zu erklären vermag.

Dennoch müssen wir versuchen, bevor wir die Störungen des Denkens besprechen, wenigstens zu umschreiben, was mit dem unerklärlichen Begriff „denken" gemeint ist. Dazu wollen wir zunächst nur einige andere Begriffe aufzählen, die mit dem Denken zu tun haben: Wahrnehmung, Gedächtnis, Erfahrung, Vorstellung, Assoziation, Sprache, Gedanke, Wort, Begriff, Vergleich,

Kombination, Verstehen, Urteil, Ordnung, Zusammenhang, Einfall.

Aus dieser Reihe sind uns die ersten vier Begriffe bekannt. Sie sollen in diesem Zusammenhang sagen: das Denken beruht darauf, dass der Denkende zuvor Wahrnehmungen hatte. Denn dass er Wahrnehmungen hatte, ist ja die Voraussetzung dafür, dass er die Umwelt und sich selber „kennt", und ohne etwas zu kennen, kann man nicht denken. Die Wahrnehmungen liefern also den Stoff und damit eine Voraussetzung für das Denken. Auch wenn der Denkende über die Gedanken anderer Menschen nachdenkt, hat er diese Gedanken wahrgenommen, und zwar ist es gleichgültig, ob gerade eben oder vor langer Zeit. Er hat ja seine Wahrnehmungen aufgespeichert, und zwar so, dass er sie jederzeit wieder bewusst machen kann: er hat sie im Gedächtnis.

(Da in der Seele — für ihre Beschreibung leider — alles mit allem zusammenhängt, ist andererseits, wie wir sahen, das Gedächtnis mit seinem Erfahrungsschatz Voraussetzung für das Wahrnehmen; aber diese Komplikation braucht nur den zu beschäftigen, der sich mit der *Entstehung* des Denkens — beim Kinde — beschäftigen will. Sie braucht uns hier nicht zu stören.)

Die Inhalte des Denkens bestehen also teils aus frischen, teils aus vergangenen Wahrnehmungen. Mit Hilfe des Gedächtnisses werden Wahrnehmungen gespeichert, mit Hilfe der Reproduktionsfähigkeit und der Vorstellungskraft können sie jederzeit aktualisiert, bewusst gemacht und von neuem vorgestellt werden.

Im Gedächtnis liegen nun aber die früheren Wahrnehmungen nicht ungeordnet oder etwa nur chronologisch aufgereiht nebeneinander, sondern sie sind in vielfältiger Weise geordnet. Erst die geordneten früheren Wahrnehmungen bilden miteinander die „Erfahrung". *Ein* wesentliches Prinzip dieser Ordnung besteht in der Verknüpfung durch *Assoziationen*.

„Assoziation" heisst „Vergesellschaftung". Das Wort soll zum Ausdruck bringen, dass die Bestandteile unseres Erlebens — sei es in der Gegenwart, sei es im Speicher des Gedächtnisses — nicht als isolierte Fakten nebeneinanderstehen, sondern dass sie sich nach bestimmten Gesetzen miteinander „vergesellschaften". Der Erforschung dieser Assoziationsgesetze und ihrer Bedeutung

78

für das gesamte seelische Leben (nicht nur für das Denken!) haben sich seit Aristoteles ungezählte Psychologen und Philosophen gewidmet, und aus ihren Bemühungen ist eine eigene Assoziations-Psychologie entstanden.

Wir wollen nur einige der Möglichkeiten angeben, nach denen sich solche Verknüpfungen bilden können.

Schon Aristoteles wies darauf hin, dass die im Gedächtnis aufbewahrten Geschehnisse miteinander verbunden sein können gemäss ihrem zeitlichen Ablauf (z. B. Blitz und Donner), nach ihrer Ähnlichkeit (z. B. Apfel und Birne), nach dem Prinzip des Gegensatzes (z. B. schwarz und weiss) oder nach ihrer räumlichen und zeitlichen Nähe (z. B. Kirche und Friedhof oder Sonntag und Montag).

Eine fast unübersehbar grosse Zahl weiterer Assoziationsmöglichkeiten wurde von der Assoziationspsychologie in den letzten hundert Jahren hinzugefügt. Zum Beispiel: Assoziation nach dem Klang, vor allem nach Reimen (z. B. Rose-Hose); Assoziationen nach der direkten Zusammengehörigkeit (z. B. Mutter-Vater), Assoziationen nach Zusammengehörigkeit unter einem gemeinsamen Oberbegriff (Geige-Flöte), nach Ursache und Folge (Scham-Erröten) und so weiter.

Die bisher genannten Assoziationsmöglichkeiten sind allgemeingültig, das heisst, man kann mit solchen Verknüpfungsarten der Gedächtnisinhalte bei allen Menschen rechnen, wenn auch in verschiedensten Variationen.

Daneben existieren nun aber *individuelle* Assoziationen, also solche, die ich nicht allgemein erwarten darf, sondern die ich nur bei einem bestimmten Menschen oder bei einer kleinen Gruppe antreffe. Solche individuellen Assoziationen können äussere, banale Ursachen haben. Mein Dackel hat den Namen „Sato". Mit dem Namen „Sato" werden viele Menschen überhaupt nichts assoziieren, manche den ehemaligen japanischen Ministerpräsidenten, und nur meine Familie und unsere Nachbarn einen Dackel.

Individuelle Assoziationen können aber auch bedeutungsvoll sein: Mit dem Wort „Vater" werden die meisten Menschen *ihren* Vater assoziieren und wahrscheinlich gleich anschliessend ihre

Mutter. Wenn jemand mit „Vater" — „Unfall" assoziiert, dann ist das eine individuelle Assoziation, die darauf schliessen lässt, dass hier etwas Besonderes vorliegt: vielleicht hatte sein Vater gerade einen Unfall, vielleicht ist er vor Jahren an einem Unfall gestorben. — Assoziiert er mit „Vater" — „Mord", dann gibt es verschiedene Möglichkeiten: entweder sein Vater wurde ermordet, oder sein Vater ist ein Mörder, oder er möchte seinen Vater ermorden, oder er hat FREUD gelesen.

Man merkt: die individuellen Assoziationen sind sehr viel aufschlussreicher als die allgemeinen, denn sie sind in viel höherem Masse als diese von den eigenen Erfahrungen und Gefühlen abhängig. Individuelle Assoziationen können für den, der sie hat, ganz überraschend und unverständlich sein, und sie können — wie vor allem FREUD und JUNG gezeigt haben — erstaunliche Einblicke in unbewusste Hintergründe und Zusammenhänge geben.

Wir wollen aber der Assoziationspsychologie nicht weiter nachgehen, sondern zum Denken zurückkehren. Wir sagten, dass das Denken sein Material aus gegenwärtigen und früheren Wahrnehmungen bezieht, dass die früheren in Gestalt von Vorstellungen aus dem Gedächtnis auftauchen, und dass die Gedächtnisinhalte geordnet bereitliegen, wobei ein Prinzip dieser Ordnung durch die vielfältigen, teils allgemeingültigen, teils individuellen Assoziationen gegeben ist.

Nun kann man das Auftreten von Assoziationen zwar willkürlich ein wenig fördern, man kann es aber niemals willkürlich *unterdrücken. Eine* Wahrnehmung oder *eine* Vorstellung zieht also immer eine ganze Kette von Assoziationen nach sich — denn natürlich ruft das Assoziierte wieder neue Assoziationen hervor, die beiden zusammen wieder eine ganze Reihe weiter — und so fort.

Nun kann der Denkende sich einfach diesen Assoziationsketten überlassen und als passiver Zuschauer miterleben, was dabei herauskommt. Er wird dabei „vom Hundertsten ins Tausendste" gelangen, tolle Sprünge durch Raum und Zeit erleben, Banales mit Bedeutsamem verbunden finden, längst Vergessenes erinnern, Zukünftiges erhoffen, die verschiedensten Gefühle anklingen hören, über seine Einfälle staunen, vor seinen „Hintergedanken" er-

80

schrecken, dann wieder ganz im Augenblick sein, weil er niesen muss, dann das Fenster schliessen, weil es kalt ist, dann an den Schreiner denken, der so teuer arbeitet — und so weiter, und so weiter, ohne einen Faden in der Hand zu haben ausser dem dünnen, nachträglich unsichtbaren Gespinst der Assoziation.

Das, was dabei vor sich geht, nennen wir *„assoziatives Denken"*. Selbst wenn man bereit ist, den Eigenwert dieses assoziativen Denkens (das man ungefähr auch als „phantasieren" bezeichnen kann) hoch zu veranschlagen, wird man einwenden, dass das noch nicht das „richtige" Denken sei. Denn das „richtige" Denken hat es doch mit Problemen und Aufgaben zu tun, die es zu lösen gilt, es ist doch nicht einfach ein frei schweifendes, traumähnliches Schwelgen in Bildern, sondern ein diszipliniertes Vorausschreiten in Richtung auf ein bestimmtes Ziel.

Das ist richtig. Aber doch ist die Annahme der älteren Denkpsychologie bis heute nicht entwertet, dass auch das *„zielgerichtete Denken"* auf den anschaulichen Elementen von Wahrnehmung und Vorstellung *aufbaut*, und dass es diese gemäss den Assoziationsgesetzen verbindet.

Allerdings brauchen wir, um der Eigenart des zielgerichteten Denkens gegenüber dem assioziativen einigermassen gerecht zu werden, ein paar weitere Begriffe, die wir oben (Seite 77 f.) zwar schon aufgezählt, aber bisher noch nicht verwendet haben: Gedanke, Wort, Sprache, Begriff.

Aristoteles hatte darauf hingewiesen, dass wir beim Denken nicht mit den Gegenständen herumhantieren müssen, über die wir denken, sondern dass uns die Vorstellungen der Gegenstände genügen („Für die Denkseele treten die Vorstellungen an die Stelle der sinnlichen Wahrnehmungen"[1].)

Falls man unter „Vorstellungen" *anschauliche* Vorstellungen versteht, ist das nur teilweise richtig. Die Denkpsychologen unseres Jahrhunderts (vor allem KARL BÜHLER) haben nämlich nachgewiesen, dass das Denken weitgehend *unanschaulich* ist, also gar nicht mit bildhaften Vorstellungen einhergeht.

---

[1] Zitiert nach: Psychologie, verfasst und herausgegeben von PETER R. HOFSTÄTTER, das Fischer Lexikon *6*, S. 97.

Wenn aber weder die Gegenstände selbst, noch die anschaulichen Vorstellungen von ihnen zum Denken nötig sind — was ist dann überhaupt noch das Material des Denkens, und wie sollen dann noch Assoziationen eine Rolle spielen?

Eine zunächst unbefriedigende Antwort lautet: das Material (und zum Teil auch die Produkte) des Denkens sind *Gedanken*.

Diese Auskunft wird noch unbefriedigender, wenn wir hören, dass KARL BÜHLER z. B. aufgrund von Experimenten zu der Überzeugung gelangte, dass Gedanken „letzte Erlebniseinheiten" darstellen, die ebenso unanschaulich wie unerklärlich seien[2]. Man bemerkt: die Gedanken als unerklärliche letzte Erlebniseinheiten entsprechen in der Denkpsychologie dem, was in der Wahrnehmungspsychologie die Empfindungen als nicht weiter zerlegbare Elemente der Wahrnehmung sind.

Von den Empfindungen konnten wir aber wenigstens sagen, dass sie auf Reize zurückgehen, die in irgend einer Form aus der Umwelt stammen. Damit war nicht das *Erlebnis* „Empfindung" erklärt, wohl aber ihr Zustandekommen.

Wenn wir nun akzeptieren, dass das Erlebnis „Gedanke" unerklärlich ist, können wir nicht wenigstens erwarten, über sein Zustandekommen etwas mehr Auskunft zu erhalten? Wie kommen aus dem anschaulichen Rohstoff des Denkens, den Wahrnehmungen und Vorstellungen, die unanschaulichen Gedanken zustande?

Um das zu erklären, müssen wir noch einmal zu den Vorstellungen zurückkehren. Wir haben nämlich, als wir oben von den Vorstellungen sprachen, die an Stelle der Gegenstände selbst treten, in zweifacher Hinsicht stark vereinfacht. Erstens haben wir so getan, als habe das Denken stets nur mit Sachen zu tun, die man sich vorstellen kann, zweitens haben wir „Vorstellungen" immer gleichgesetzt mit „anschaulichen Vorstellungen". Beides müssen wir jetzt korrigieren.

Beginnen wir mit dem Zweiten. Wenn, während ich hier schreibe, draussen ein Hund bellt, so denke ich (wenn ich es überhaupt wahrnehme): Ein Hund bellt. Oder vielleicht nur: bellen. Dabei habe ich keineswegs die bildliche Vorstellung eines Hun-

---

[2] Nach ROHRACHER, a. a. O., S. 317 ff.

82

des oder einer Hundeschnauze, sondern es ist nur das *Wort* „bellen" da. Selbst wenn ich das Bellen erkenne und daran denke, dass es mein Hund ist, der dort bellt, und dass sich vielleicht die Nachbarn darüber ärgern werden, stelle ich mir weder meinen Hund noch meinen Nachbarn vor, sondern es genügen die Worte: Sato, bellen, Nachbar, Ärger.

Zwar stimmt das auch nicht ganz: ich denke ja nicht in einem so lächerlichen Telegrammstil, aber die *Wörter* sind jedenfalls dem Gedanken viel näher als die bildlichen Vorstellungen der Sachen. Das Denken hat also sehr viel zu tun mit der Verwendung von Wörtern.

Was sind nun eigentlich − in unserem jetzigen Zusammenhang betrachtet − die Wörter? Wörter sind Klang- oder Schriftgestalten, die durch Assoziationen mit Gegenständen verbunden sind. Diese Assoziationen sind nicht individuelle oder zufällige Assoziationen, sondern sie werden von allen Menschen, die dieselbe Sprache benutzen, gelernt; und zwar zum grossen Teil schon in der Kindheit. Man hat uns, als wir Kinder waren, so oft gezeigt: „das ist ein Hund", dass sich eine feste Assoziation zwischen jenem Tier und dem Wort „Hund" gebildet hat. Sehe ich einen Hund, taucht in mir das Wort „Hund" auf; höre ich das Wort „Hund", so *kann* in mir die Vorstellung eines Hundes auftauchen, auch dann, wenn kein leibhaftiger Hund da ist. Wenn allerdings, wie in unserem Beispiel, der Hund mich durch sein Gebell in anderen Gedanken stört, so kommen mir nur die Wörter „Hund" und „bellen" zum Bewusstsein (und selbst sie nur ganz schwach); ich verzichte darauf, daraus auch noch Vorstellungen werden zu lassen, *und doch* ist mit diesen Wörtern der Sachverhalt gedanklich völlig erfasst.

Das Denken *kann* also sinnliche Vorstellungen als Material benutzen, es kann sich aber auch mit den Wörtern begnügen, die durch assoziative Verknüpfung mit den Dingen und den Vorstellungen von ihnen verbunden sind. Und weiter wollen wir hier gleich einfügen: das assoziative Denken bedient sich gern der sinnlichen Vorstellungen, während das zielgerichtete Denken sein Ziel dadurch schneller erreicht, dass es auf die Vorstellungen weitgehend verzichtet und sich mit den Wörtern begnügt. In diesem Falle verlässt sich das Denken gewissermassen darauf, dass es jederzeit die den Wörtern entsprechenden Vorstellungen zurückrufen könnte, und über diese dann die Beziehung zur realen Umwelt der Dinge garantiert wird.

An dieser Stelle wird nun aber der erste der beiden Einwände laut, die wir oben erhoben haben: oft hat das Denken es ja gar nicht mit Sachen zu tun, die man sich vorstellen könnte, sondern besteht aus *abstrakten Gedanken*. Dann fällt also die reale Umwelt als Gegenstand des Denkens fort, und man wird sich fragen, womit es das Denken dann eigentlich noch zu tun habe. Die Antwort lautet: das Denken hat es oft nur mit der Sprache zu tun.

„Das Denken hat es oft nur mit der Sprache zu tun": dabei kann ich mir überhaupt nichts vorstellen, und doch kann ich es denken.

Es wäre viel gewonnen, wenn man das Denken einfach mit dem Sprechen gleichsetzen könnte. Aber das stimmt nur teilweise. Zwar haben in unserem Jahrhundert die Behavioristen (vor allem JOHN B. WATSON) die auf Platon zurückgehende Theorie, dass das Denken ein inneres Sprechen sei, neu belebt und durch Experimente nachgewiesen, dass beim Denken Aktionsströme an der Zungen- und Lippenmuskulatur auftreten[3], aber man kann daraus nur schliessen, dass das Denken von Ansätzen zum Sprechen *begleitet* ist, nicht, dass es aus Sprechen besteht.

Wenn man sich selbst beim Sprechen beobachtet, kann man sich leicht überzeugen, dass Denken und Sprechen nicht dasselbe sind. So kann ich unseren Satz: „Das Denken hat es oft nur mit der Sprache zu tun" in allen möglichen Variationen: laut, leise, schnell oder langsam sprechen, ohne dabei irgend etwas zu denken. Andererseits: wenn ich mich bemühe, diesen Satz denkend zu verstehen, so geschieht das gar nicht dadurch, dass ich fassbare andere Sätze in irgend einer Art innerlich spreche. Und ein dreijähriges Kind kann diesen Satz noch so oft sprechen, es vermag nicht, etwas Verständiges dabei zu denken.

Allerdings: wenn ich irgend einen Gedanken einem anderen

---

[3] DELAY, a. a. O., S. 228f.

*mitteilen* will, dann muss ich ihn in geordnete Worte fassen und diese aussprechen (oder aufschreiben, was letztlich dasselbe ist). Ich kann also die Worte zur Mitteilung des Gedachten nicht entbehren; ich kann sie höchstens durch Bilder ersetzen. Nun spielt natürlich die Mitteilung von Gedanken eine ungeheure Rolle, aber wir dürfen sie nicht mit dem Denken selber verwechseln.

Man kann vielleicht folgenden Vergleich anstellen: so wie die Seele sich zum Leib verhält, so verhält sich das Denken zu den Wörtern. Denn so, wie die Seele nicht ohne Leiblichkeit fassbar ist, so ist das Denken nicht ohne Wörter fassbar; und doch ist das eine nicht mit dem andern identisch.

Die Beziehung des Denkens zum *Sprechen* ist also nur etwas Äusserliches; in seiner inneren Struktur hat das Denken eine viel stärkere Beziehung zur *Sprache selbst* und zu ihren Gesetzen, unabhängig davon, ob diese Sprache auch wirklich gesprochen wird.

Wir müssen uns also fragen, ob wir aus der Betrachtung der Sprache Einsichten gewinnen können, die uns für die Umschreibung des Denkens nützlich sind. Da ist es vor allem der von uns schon so oft benutzte Begriff *„Begriff"*, der uns weiterhelfen kann. Die Sprache verfügt nämlich nicht nur über Wörter, die jeweils mit einzelnen Dingen assoziiert sind und diese bezeichnen, sondern die Sprache enthält in den Begriffen höchst merkwürdige Gebilde, die von aussen betrachtet zwar auch Wörter sind, die aber viel mehr Möglichkeiten enthalten, als es die Ding-Wörter tun.

Hören wir zunächst eine einfache psychologische Definition des Begriffes „Begriff", nämlich die von ROHRACHER: Begriffe „erfassen die wesentlichen Merkmale sehr vieler verschiedener Dinge, indem sie dasjenige abstrahieren, was allen gemeinsam ist"[4]. ROHRACHER erläutert das sehr anschaulich an einem einfachen Begriff: „Der Begriff ‚Baum' umfasst Nadel- und Laubbäume, solche, die essbares Obst tragen, und solche, die nur Holz liefern, grosse und kleine, alte und junge — alle Bäume, die es gibt, mögen sie untereinander noch so verschieden sein, sie sind auf jeden Fall: Bäume."[5]

[4] ROHRACHER, a. a. O., S. 355.
[5] a. a. O., S. 355 f.

Wir wollen, zur grösseren Verdeutlichung noch ein zweites, komplizierteres Beispiel wählen.

Ein Schauspieler, der ein Gedicht deklamiert. Eine französische Grammatik. Ein Baby, das „Mama" sagt. Eine Liste mit Sanskrit-Wörtern. Eine Seite der Tageszeitung. Ein Mann, der „Vorsicht" schreit. Der Begriff „Denken". Ein Eskimo, der betet. Die Leuchtschrift „Motel". Der Satz „Denken ist Sprechen". Der Satz „Denken regnet nachts lauter".

So könnten wir beliebig lange fortfahren, einzelne, sehr verschiedene Bruchstücke und Bilder zu liefern, die sich doch unter einem Begriff zusammenfassen lassen: in diesem Falle unter dem Begriff „Sprache".

Solche Begriffe sind zwar auch Wörter, aber es sind nicht Ding-Wörter, sondern Wörter, die eine Summe von Erlebnissen und Erfahrungen zusammenfassen. Darum entstehen sie auch viel komplizierter als die Ding-Wörter: man lernt sie nicht einfach durch Assoziation des Wortes an das Ding, sondern man sammelt erst viele Erfahrungen, deren Gemeinsames man dann im Begriff zusammenfasst.

So verfügt die Sprache also ausser über Ding-Wörter, die für bestimmte Gegenstände der Umwelt stehen, auch über Begriffe, die ganze Erfahrungssummen wiedergeben. C.G. JUNG schreibt einmal im Zusammenhang mit tiefenpsychologischen Begriffen: „Es handelt sich nicht um den Begriff; er ist ja nur ein Wort und ein Rechenpfennig und hat nur darum Bedeutung und Verwendung, weil er die *Erfahrungssumme* repräsentiert."[6]

Das ist nun von grosser Wichtigkeit für das Denken. Wenn nämlich das Denken sich von den realen Gegenständen loslöst, also vom „konkreten" zum „abstrakten" Denken wird, dann besteht das Material, aus dem sich die Gedanken formen, im Wesentlichen aus Begriffen. Und die Begriffe brauchen, wenn mit ihnen gedacht wird, nicht mehr durch ein inneres Sprechen verknüpft zu werden, sondern sie entbinden schlagartig, nur dadurch, dass sie gedacht werden, ganze Summen von gehabter Erfahrung.

[6] C.G. JUNG, Aion, Untersuchungen zur Symbolgeschichte, Zürich 1951, S. 59.

Die Möglichkeit der Sprache, Begriffe zu bilden, ist die Möglichkeit des Denkens, Erfahrungen zusammenzufassen. „Das Denken hat es oft nur mit der Sprache zu tun" heisst dann: das Denken, und vor allem das zielgerichtete Denken, kann sich unabhängig machen von Vorstellungen und Wahrnehmungen, es kann die schwerfällige Rückversicherung bei den tausend Einzelheiten der realen Umwelt ausser acht lassen und sich, um sein Ziel möglichst rasch zu erreichen, auf das Material stützen, das ihm die Sprache liefert, also vor allem: auf die Begriffe. Dabei kann das Denken dennoch die Gewissheit haben, allein durch Anwendung von Begriffen ganz konkrete Aufgaben zu lösen, denn die Begriffe sind ja aus der konkreten Erfahrung gewonnen.

Wir wollen kurz zurückblicken auf das bisher Gesagte: Der Rohstoff des Denkens besteht aus Wahrnehmungen. Die Wahrnehmungen können gespeichert, reproduziert und zu Vorstellungen werden. Die Assoziationen liefern eine unübersehbare Fülle von Verknüpfungsmöglichkeiten zwischen sämtlichen Erlebnis- und Vorstellungsinhalten. Das Denken kann sich, als assoziatives Denken, den Assoziationen überlassen und gerät dann vom Hundertsten ins Tausendste. Soll das Denken aber dazu dienen, Aufgaben zu lösen, muss es zum zielgerichteten Denken werden. Es bedient sich dann weniger der anschaulichen Vorstellungen, als vielmehr der Wörter, die in abgekürzter, unanschaulicher Form die Vorstellungen und andere Gedächtnisinhalte wiedergeben. Das Denken wird damit so etwas wie ein „inneres Sprechen", es ist aber mehr als das. Denn während das Sprechen im Wesentlichen der Mitteilung von festumrissenen Denkresultaten dient, besteht das Denken selbst aus unanschaulichen Operationen, die man „Gedanken" nennt und deren Wesen man nicht zu erfassen vermag. Nur soviel kann man sagen: die Entstehung von Gedanken ist untrennbar mit der Sprache verbunden, wobei „die Sprache" etwas viel Umfassenderes ist als „das Sprechen". Ein wesentliches Element, das die Sprache dem Denken liefert, sind die Begriffe. Begriffe sind „Erfahrungssummen", die das Gemeinsame, Übergeordnete von vielen Erlebnissen in einem Wort zusammenfassen. Dadurch, dass das abstrakte Denken mit rein sprachlichen Gebilden (Wörtern und Begriffen) operieren kann, gewinnt es so sehr an Raschheit des Überblicks und Konzentration auf das Wesentliche, dass es die Schwerfälligkeit des gegenständlichen Denkens weit hinter sich lässt.

Wir wollen nochmals betonen, dass all diese Ausführungen nicht den Anspruch erheben, Erklärungen des Denkens zu sein; sie erreichen ja nie einen archimedischen Punkt ausserhalb des Denkens, sondern bleiben stets im Denken befangen und gehen ausserdem von der Überzeugung aus, dass die Gedanken selbst unanschauliche und unerklärliche Erlebniseinheiten darstellen. Diese Einschränkungen gelten auch weiterhin.

Die Begriffe sind nicht die einzigen Hilfsmittel, deren sich das Denken bedient, um über das nur assioziative Verknüpfen und das rein anschauliche Wiedergeben der Wahrnehmungen hinauszukommen. Wieder kann uns ein Blick auf die Sprache dazu helfen, weitere Elemente des Denkens zu erkennen. Die Sprache besteht ja nicht nur aus einzelnen Wörtern, sondern aus grösseren zusammengesetzten Einheiten, die wir „Sätze" nennen. Die Zusammensetzung der Wörter zu Sätzen geschieht nicht beliebig, sondern nach Regeln, die in komplizierter Weise nicht nur den grammatikalisch richtigen Aufbau der Sätze festlegen, sondern auch über die Stellung der Satzteile, die Funktion der Satzglieder und die Bedeutung ihrer gegenseitigen Zuordnung bestimmen.

Etwas Entsprechendes zu dieser Lehre vom Satzbau, der „Syntax", gibt es auch im Denken. Auch der Aufbau und die Zusammensetzung der Gedanken gehorchen, wenn sie „richtig" sind, bestimmten Gesetzen; auch ihre Zuordnung zueinander geschieht nach Regeln, und ihre Reihenfolge erfüllt bestimmte Funktionen.

Die Fähigkeit, im Sinne dieser Denkgesetze richtig zu denken, nennt man „Logik". Das logische Denken, dessen Gesetze von der Philosophie beschrieben werden, ermöglicht es, mit Hilfe der Begriffe zu richtigen, allgemeingültigen Urteilen über gegebene Sachverhalte zu kommen und schliesslich aus mehreren Urteilen die richtige Schlussfolgerung zu ziehen.

Aber all diese Gesetze des richtigen Denkens wurden natürlich nicht von Philosophen erdacht und dann dem Denken vorgeschrieben, sondern umgekehrt: sie sind Strukturelemente des Denkens, die sich zusammen mit dem Denken entwickelt haben und erst

88

nachträglich von der Philosophie entdeckt und formuliert wurden. Darum braucht auch niemand Philosophie zu studieren, um richtig zu denken, sondern jeder, der über „gesunden Menschenverstand" verfügt, darf annehmen, dass sein Denken in Übereinstimmung mit den allgemeingültigen Denkgesetzen steht. Der „gesunde Menschenverstand" ist gerade dadurch „gesund", dass er das gegenständliche, an den Wahrnehmungen orientierte Denken stets zur Kontrolle des abstrakten, begrifflichen Denkens bereit hält, sich also nicht ausschliesslich an den Gesetzen der Logik, sondern genauso an der realen Umwelt orientiert.

Die berühmten Trugschlüsse der Sophisten sind deswegen so verblüffend und erheiternd, weil sie zeigen, wohin ein Denken gerät, das die Denkgesetze rein formal, ohne Beziehung zur Realität, anwendet. („Was du nicht verloren hast, das hast du noch; Hörner hast du nicht verloren, also hast du Hörner.")

Die Qualität des Denkens, die wir „ *Verstand*" nennen, ermöglicht es uns, die einzelnen Gedanken in ihrer Bedeutung zu erfassen, sie mit anderen zu vergleichen und sie dann in eine geordnete Beziehung zu anderen Gedanken oder besser: zu unserer übrigen Erfahrung zu stellen. Erst durch diese Einordnung eines Gedankens in einen umfassenden gedanklichen *Zusammenhang* (die Erfahrung) kommt es zum „Verstehen" des Gedankens.

Wie man bemerkt, können all diese Denkvorgänge nicht ohne Assoziationen vor sich gehen, denn erst die Assoziationen liefern Stoff zum Vergleichen, ermöglichen die Herstellung eines Zusammenhanges, schaffen die Voraussetzung zur richtigen Einordnung.

Wie kommt es aber, dass beim zielgerichteten Denken aus der fast unbegrenzten Fülle von *möglichen* Assoziationen jeweils die *richtigen* ausgewählt werden? Hier haben wir eine der bisher nicht überschrittenen Grenzen der Denkpsychologie erreicht.

Die Denkpsychologie kann uns nur berichten, dass das Denken den „*Sinn*" von Gedanken zu erfassen vermag, und dass dieses Verstehen des Sinnes in viel höherem Masse den Denkablauf bestimmt als das zeitliche Nacheinander von Assoziationen. So wird erklärt, dass die Aufgabe, die durch einen Denkakt gelöst werden soll, eben die möglichen Assoziationen in einer bestimmten Weise

„konstelliere", das heisst: die passenden verstärke, die unpassenden hemme. („Konstellations-Theorie" von G. E. MÜLLER[7].)

Oder es wird (von M. WERTHEIMER) folgender Vergleich gebraucht: „Wenn man eine Problemlage erfasst, erzeugen ihre strukturellen Züge und Forderungen in dem Denker gewisse Spannungen, einen gewissen Zug oder Druck. Was nun wirklich im Denken geschieht, ist, dass diesem Zug oder Druck gefolgt wird, dass sie Vektoren hervorbringen in Richtung auf eine Verbesserung der Situation, und diese entsprechend ändern."[8]

Dieser „Zug oder Druck" „in Richtung auf eine Verbesserung der Situation" entspricht natürlich der „Tendenz zur prägnanten Gestalt" der Gestaltpsychologie, und wir bemerken, dass zwischen dem zu erfassenden „Sinn", der die Assoziationen konstelliert, und der „prägnanten Gestalt", die einen Zug oder Druck ausübt, grosse Ähnlichkeit besteht. Man merkt aber auch an diesen Beispielen, dass es der Psychologie bisher nicht möglich ist, den eigentlichen Denkvorgang zu erklären.

Für das Verständnis der Denkstörungen ist es von grosser Wichtigkeit, sich klarzumachen, dass alle bisher genannten Denkvorgänge nur in angestrengter Selbstbeobachtung andeutungsweise bewusst gemacht werden können, dass sie aber unter alltäglichen Bedingungen weitgehend *unbewusst* verlaufen. Auch die Denkpsychologie hat das natürlich längst erkannt: „Es hat sich nämlich immer deutlicher gezeigt, wie wenige von den für das Finden der Lösung einer Aufgabe oder für das Verstehen von Zusammenhängen entscheidenden Vorgängen bewusst werden und daher vom Subjekt direkt beobachtet werden können; was eigentlich beim Denken vor sich geht, kann nur erschlossen werden."[9]

Wir kennen − sowohl bei uns selbst, als auch bei unseren Mitmenschen − immer nur die Resultate oder Inhalte des Denkens, nicht den Vorgang des Denkens selbst. Diese Inhalte teilen wir uns gegenseitig sprechend oder schreibend mit, und an ihnen beurteilen wir, ob das, was einer denkt, „richtig" oder „falsch" ist.

[7] Nach ROHRACHER, a. a. O., S. 379.
[8] Nach ROHRACHER, a. a. O., S. 380.
[9] R. MEILI, in KATZ, a. a. O., S. 175.

Die *Form* des Denkens beachten wir im allgemeinen weniger und beurteilen sie meistens nach einfachen äusseren Kriterien: nach dem Tempo und der Zielstrebigkeit des Gedankenablaufes, nach dem Reichtum oder der Spärlichkeit der Gedanken, allenfalls noch nach dem Stil, in dem sie geäussert werden. Wir wissen aber, dass diese Formen, in denen das Denken sich äussert, nicht mit dem Denken selbst identisch sind, sondern dass sie nur dessen erkennbare Aussenseite darstellen.

Wonach wird nun aber beurteilt, ob der *Inhalt* des Denkens richtig oder falsch ist?

Diese Frage ist auf den verschiedenen Ebenen, auf denen das Denken sich abspielen kann, ganz verschieden zu beantworten.

Wenn auf der Ebene des gegenständlichen Denkens Aussagen über Dinge der Umwelt gemacht werden, lässt sich im allgemeinen mit Hilfe der Wahrnehmung und auf Grund der Erfahrung prüfen, ob die Aussage richtig ist. Wenn jemand sagt: ,,Die Sonne wird gleich untergehen", so kann man feststellen, ob dieser Gedanke (es ist ja mehr als nur die Äusserung einer Wahrnehmung!) zutreffend ist oder nicht. Und wenn jemand die Meinung äussert: ,,Alle Menschen haben zwei Köpfe", so widerlegt die Erfahrung diesen falschen Gedanken. – Allerdings ist schon auf der Ebene des gegenständlichen Denkens längst nicht immer klar, was richtig und falsch ist: die Beobachtung des Kopernikus zum Beispiel, dass sich die Erde um die Sonne dreht, wurde anfänglich für einen lächerlich falschen Gedanken gehalten.

Noch viel schwieriger wird die Frage: richtig oder falsch? wenn es sich um abstrakte Gedanken handelt. ,,Das Denken hat viel mit der Sprache zu tun" –, um zu entscheiden, ob dieser Gedanke richtig oder falsch ist, muss ich erst die darin enthaltenen Begriffe klären, dann die Begründung des Gedankens prüfen und schliesslich herausfinden, ob das Gemeinte einen Sinn ergibt, der allgemein anerkannt ist. In vielen Fällen werde ich die Richtigkeit abstrakter Gedanken letztlich *nur* danach beurteilen können, dass ich sie an dem messe, was allgemein anerkannt oder von den zuständigen Fachleuten für richtig gehalten wird. Wenn allerdings abstrakte Gedanken Werturteile enthalten, dann ist es oft nicht möglich, über richtig und falsch zu entscheiden. ,,Über den Geschmack kann man nicht streiten", heisst es schon im konkreten Bereich — das gilt erst recht von abstrakten Gedanken.

Der eine sagt: „Arbeit macht das Leben süss", der andere: „Die Arbeit ist ein Fluch". Beide mögen recht haben, denn die beiden Gedanken stammen offenbar aus völlig verschiedenen Voraussetzungen und Zusammenhängen; über richtig und falsch wird man kaum entscheiden können. — Und vollends: wenn ein Gedanke eine religiöse Überzeugung zum Ausdruck bringt, ist es unmöglich, seine Richtigkeit zu beweisen oder zu widerlegen. „Gott hat die gefallene Welt erlöst" — da kann ich nur entscheiden, ob ich diesen Gedanken als verbindlich oder unverbindlich für mich selbst betrachte. Gelegentlich wird man Gedanken als „falsch" bezeichnen können, weil sie sinnlos sind. „Nachts ist es kälter als draussen" — das verbindet offenbar in sinnloser Weise verschiedene Begriffsbereiche miteinander. Manchmal wird man Gedanken als unwahrscheinlich bezeichnen können, weil sie zu sehr den allgemeinen Überzeugungen widersprechen. „Das Denken der Tiere ist dem Denken der Menschen überlegen" — dieser Gedanke ist zwar nicht sinnlos, aber aller Wahrscheinlichkeit unzutreffend. Häufig wird man Gedanken als Irrtümer bezeichnen müssen, auf die Gefahr hin, sich unbeliebt zu machen.

Allerdings muss man sich bei der Beurteilung von Gedanken hüten, seine eigene Urteilskraft zu überschätzen: es mag sein, dass man einen Gedanken für sinnlos oder falsch hält, weil man ihn nicht versteht. „Verstehen ist das existentiale Sein des eigenen Seinkönnens des Daseins selbst, so zwar, dass dieses Sein an ihm selbst das Woran des mit ihm selbst Seins erschliesst."[10] — Das sind Gedanken von MARTIN HEIDEGGER, deren Sinnhaftigkeit zu beurteilen wohl kaum jedermanns Sache ist.

Gelegentlich werden Gedanken deswegen für falsch oder sinnlos gehalten, weil sie etwas ganz Neues darstellen, für das im öffentlichen Bewusstsein noch keine Massstäbe oder Empfangsmöglichkeiten vorhanden sind. Sehr deutlich wird das zum Beispiel in der Musikgeschichte (und es ist erlaubt, auch musikalische Kompositionen als „Gedanken" zu betrachten): nicht erst die Musik

[10] M. HEIDEGGER, Sein und Zeit, Tübingen 1972, S. 144.

von Strawinsky oder Bartók wurde als Unsinn verlacht oder als böswilliger Schabernack niedergeschrien, sondern z.B. auch schon die späten Werke von Beethoven.

Dieses Beispiel führt uns dazu, noch eine Form des Denkens zu erwähnen, von der bisher noch nicht die Rede war, weil sie quantitativ ganz im Hintergrund steht, und die doch die wichtigste Qualität des Denkens darstellt: *das schöpferische* oder produktive *Denken*.

Während das alltägliche Denken stets ein Nach-Denken ist, das nur in der Wiederholung oder allenfalls Neugruppierung von bereits Gedachtem besteht, bringt das schöpferische Denken Neues, bisher noch nie Gedachtes hervor. Es kann aus einer bewussten Anstrengung des Denkens, Kombinierens und Ausprobierens hervorwachsen; aber häufiger noch ist der schöpferische Gedanke blitzartig da, als „Einfall" oder „Eingebung", oder sogar auch als „Offenbarung" erlebt. Das schöpferische Denken hat seine Wurzeln weniger im Bewusstsein als im Unbewussten. Dieses Unbewusste kann dann aber nicht das aus Verdrängungen entstandene persönliche Unbewusste sein, für das sich FREUD hauptsächlich interessierte, sondern es muss das „Kollektive Unbewusste" sein, das der Hauptgegenstand der Forschungen von JUNG war. Glücklicherweise waren es aber nicht die Tiefenpsychologen, die zuerst auf diese Bedeutung des Unbewussten hinwiesen, sondern wir besitzen eine Fülle von Zeugnissen schöpferischer Menschen aus früheren Jahrhunderten, die diese Auffassung belegen.

Bevor wir uns nun den Störungen des Denkens zuwenden, wollen wir noch einmal daran erinnern, dass die isolierte Betrachtung einer seelischen Funktion, wie wir sie hier mit dem Denken vorgenommen haben, immer falsch ist. „Das Denken" für sich allein genommen gibt es nicht, sondern es gibt immer nur denkende Menschen, in deren Seelen stets alle Funktionen und Kräfte mit- und ineinander wirken.

Wir konnten nicht umhin, im Zusammenhang mit dem Denken die Wahrnehmung und das Gedächtnis wenigstens mehrfach zu erwähnen, denn es ist deutlich geworden, wie untrennbar diese drei verbunden sind. Was wir nicht erwähnt haben, weil es – obgleich von grösster Bedeutung – unsere Darstellung zu sehr kompliziert hätte, ist die enge Beziehung zwischen Denken und Gefühl. Die allermeisten Gedanken werden von Gefühlen begleitet, die sie entweder hervorrufen oder von denen sie hervorgerufen werden. Und diese Wechselwirkungen zwischen Gedanken und Gefühlen machen das Denken eigentlich erst wirklich lebendig. Wir wollen uns aber jetzt mit diesem Hinweis begnügen und werden auf diesen Zusammenhang bei der Besprechung des Gefühls nochmals zurückkommen.

### Die Störungen des Denkens

Wir haben bisher die psychischen Störungen in qualitative und quantitative unterteilt. Bei den Denkstörungen ist es sinnvoller, formale und inhaltliche Störungen voneinander abzugrenzen, wobei – der Natur des Denkens entsprechend – diese Trennung in Wirklichkeit nicht so säuberlich durchführbar ist, wie es in einem solchen Schema den Anschein hat.

*a) Formale Denkstörungen*

Dass das Denken rein formal gestört sein kann, ohne dass irgend eine pathologische Veränderung des Denkinhaltes vorliegt, zeigt das *Gedankenabreissen*. Was mit diesem Ausdruck in der Psychopathologie bezeichnet wird, ist nicht etwa das jedem bekannte „den Faden verlieren" beim Denken; bei diesem alltäglichen Ereignis handelt es sich lediglich darum, dass man durch einen plötzlichen starken Einfall, durch eine sich aufdrängende Assoziation oder auch durch eine Wahrnehmung aus dem Gleis seines augenblicklichen Denkens herausgedrängt wird und Mühe hat, wieder hineinzufinden.

Das „Abreissen" der Gedanken ist etwas anderes: der Gedankengang, der inhaltlich gar nichts Besonderes darstellt, bricht plötzlich ab, und es entsteht eine Leere, ohne dass die Lücke von einem anderen Gedanken gefüllt wäre. Wenn man das Gedankenabreissen bei einem Sprechenden mit anhören kann, bekommt man oft den Eindruck, als handle es sich um eine Absenz, also

94

eine kurzfristige Unterbrechung des Bewusstseins. Das ist aber nicht so; das Bewusstsein ist voll erhalten, und der Patient erlebt das Gedankenabreissen klar und deutlich. Oft hat er gleichzeitig das Gefühl, dass sein Denken an ein unerkennbares Hindernis gestossen sei und deswegen nicht weiter könne: in diesem Falle spricht man von „Sperrung" der Gedanken.

Gedankenabreissen oder Sperrung wird immer als etwas Aussergewöhnliches erlebt und wird von den Betroffenen selbst zumeist deutlich von gewöhnlicher „Zerstreutheit" oder Konzentrationsschwäche unterschieden. So ist es nicht verwunderlich, dass das wiederholte Erlebnis dieser Störung oft Erklärungsversuche nach sich zieht, die dann auch aussergewöhnlicher Art sind und in den Bereich inhaltlicher Denkstörungen — nämlich des Wahnes — hinüberleiten: das Abreissen der Gedanken wird als „Entzug" der Gedanken interpretiert. Andere Menschen haben — sei es durch „Hypnose" oder mit technischen Apparaten — die eigenen Gedanken „entzogen" oder „gesperrt"; unter Umständen können sie auch die Gedanken beeinflussen oder gar gänzlich nach ihrem Willen „machen" und „eingeben".

Wenn das Gedankenabreissen in dieser Weise mit Wahnideen verbunden ist, hat man, wie KURT SCHNEIDER a.a.O., S.101) betont, einen ziemlich sicheren Hinweis auf das Vorliegen einer Schizophrenie vor sich. Wir wollen aber festhalten: die formale Denkstörung ist lediglich das Abreissen oder die Sperrung der Gedanken; die Deutung dieses Vorganges als Einwirkung anderer Menschen oder Mächte auf das eigene Denken ist bereits ein Wahn, also eine inhaltliche Denkstörung. Und das Erlebnis, nicht Herr der eigenen Gedanken zu sein, sondern zu erfahren, dass sie von aussen „gemacht" werden, ist Ausdruck einer Störung im Bereich der Aktivität des Ich.

*Das haftende Denken* ist dadurch gekennzeichnet, dass die Umstellung auf ein neues Thema nur schwer oder gar nicht gelingt. Wenn man mit einem Menschen, dessen Denken haftend ist, das Gespräch durch eine Bemerkung über das schöne Wetter einzuleiten gedachte, so hat man es nachher schwer, noch auf das zu kommen, was man eigentlich mit ihm besprechen wollte: seine Gedanken bleiben am Thema „Wetter" geradezu kleben, und Ablenkungsversuche fruchten wenig.

Die Störung beschränkt sich aber aufs Formale: der Patient ist nicht etwa übermässig gefesselt von dem Thema, an dem er haftet, oder es stellt nicht gar eine „überwertige Idee" (siehe Seite 101 ff.) für ihn dar, sondern er kann sich nur nicht von ihm lösen, weil sein Denken unbeweglich oder „zähflüssig" geworden ist.

In ausgeprägten Formen finden wir das haftende Denken nur bei hirnorganisch geschädigten Patienten. Es ist dann häufig noch mit einer anderen formalen Denkstörung verbunden: mit dem *weitschweifigen, umständlichen Denken.* Die damit gemeinte Weitschweifigkeit ist nicht etwa Resultat einer Fülle von Nebengedanken oder einer üppigen Phantasie (wie etwa in den Romanen von JEAN PAUL, die überquellen von systematischen, genau geplanten „Abschweifungen"), sondern die pathologische Weitschweifigkeit reiht — im Rahmen eines gegebenen Themas — die unwesentlichsten Einzelheiten aneinander, weil sie nicht zwischen Wesentlichem und Beiläufigem zu unterscheiden vermag. So auch die pathologische Umständlichkeit: sie ist nicht mit sinnvoller Sorgfalt oder Exaktheit zu verwechseln oder gar mit der psychologischen Akribie, die die Romane von Marcel Proust so „umständlich" macht, sondern sie ist eine nutzlose Pedanterie, die daraus entsteht, dass das Vermögen zum zielgerichteten Denken eingeschränkt ist, und dass der Denkende den vergeblichen Versuch macht, Zielstrebigkeit im Grossen durch Genauigkeit im Detail zu ersetzen.

Die Verbindung von haftendem Denken mit Weitschweifigkeit und Umständlichkeit stellt für den Zuhörer eine beträchtliche Geduldsprobe dar, besonders, wenn er von dem Patienten genaue Auskünfte braucht. Die Kombination dieser formalen Denkstörungen ist in drastischer Form praktisch nur bei Epilepsiekranken anzutreffen und erlaubt deswegen die Verdachts-Diagnose „Epilepsie", die aber selbstverständlich erst durch die Vorgeschichte und entsprechende körperliche Befunde (Elektroenzephalogramm) gestellt werden kann.

Nicht zu verwechseln mit der Weitschweifigkeit des Denkens ist die *Ideenflucht.* Während dort ein bestimmtes Thema sozusagen garniert wird mit unwesentlichen und entlegenen Einzelheiten, ist es für die Ideenflucht gerade charakteristisch, dass das

Denken sich überhaupt nicht auf ein Thema fixieren lässt, sondern völlig ziellos umherschweift, bald hier, bald dort einen Faden aufnehmend, aber ihn sogleich wieder fallenlassend. Das ideenflüchtige Denken ist ein Hauptsymptom des manischen Syndroms (siehe S. 143 ff.) und ist deswegen fast immer begleitet von einer gehobenen Stimmung und vermehrtem Antrieb. So kommt es, dass ideenflüchtige Patienten ihre Denkstörung keineswegs als etwas Pathologisches ansehen, sondern sich im Gegenteil als besonders beschwingt und sprühend erleben und nicht selten versichern, dass sie jetzt endlich „richtig" denken könnten. Ihre meist heitere Stimmung hat zur Folge, dass die sich überstürzenden Ideen und Einfälle oft witziger Natur sind; und die Antriebssteigerung bewirkt, dass unter grossem Druck produziert, also enorm schnell, laut und ausdauernd gesprochen wird.

Betrachten wir ein Beispiel: „Auf die Frage nach seinen Erblichkeitsverhältnissen antwortet ein Manischer: ,Erbtanten habe ich nicht, Inzucht liegt bei mir auch nicht vor, nicht einmal Unzucht, dafür stamme ich aber von Karl dem Grossen, folglich auch von Karl Martell, dem „Hammer". Im Hammerverlag sind seinerzeit sehr bedeutende politische Schriften erschienen. Der „Hexenhammer" allerdings nicht, der ist mindestens 500 Jahre älter. Meine Alte fällt auch drunter, die hätt' man damals glatt verbrannt. Heirate oder heirate nicht, bereuen wirst du beides, sagt Kierkegaard. Die Axt im Haus erspart den Scheidungsrichter, sag ich! Ich bin aber nicht gemeingefährlich, ich bin nur Gemeinen gefährlich! Ach, da kommt ja schon wieder die Strassenbahn mit ihrem saudummen Geklingel! Kennen Sie Max Klinger? Haben Sie schon sein Beethovenstandbild gesehen? oder besser gesagt: Sitzbild? Ich möchte heute übrigens wieder ein Sitzbad haben für meinen wunden Südpol, den bisher weder Amundsen noch Scott entdeckt haben. Schreiben Sie das doch nicht hin, Sie frisch laxierter Staatshämorrhoidarius! Nun lacht er auf allen vier Backen!" (KLOOS, S. 141).

Hier kommt nicht nur zum Ausdruck, dass das ideenflüchtige Denken ziellos, enorm ablenkbar und forciert witzig ist, sondern man erkennt auch deutlich, auf welchem Mechanismus das verblüffende Hin- und Herspringen beruht: die einzelnen Gedanken gehorchen keiner „determinierenden Tendenz", haben keine Zielvorstellung, sondern sind nur durch *Assoziationen* verknüpft. Dabei handelt es sich um rein äusserliche oder Klang-Assoziationen: „gemeingefährlich — Gemeinen gefährlich", „Geklingel — Max Klinger", „Sitzbild — Sitzbad" usw.

Auch das Plump-Vertrauliche und der Hang zum Ordinären, welche in diesem Beispiel auffallen, sind in den meisten Fällen von ideenflüchtigem Denken anzutreffen; man muss sich aber klarmachen, dass diese Eigenarten nicht Folgen der Ideenflucht, sondern Ausdruck der manischen Verstimmung (bzw. Enthemmung) sind.

BLEULER weist darauf hin, dass Ideenflucht einen Reichtum an Ideen lediglich vortäuscht: „Kennt man aber Ideenflüchtige genau, so ist man überrascht, wie oft sie dieselben Ideen immer wiederholen." (BLEULER, S. 40) Das hat auch zur Folge, dass man über die witzigen Assoziationen von ideenflüchtigen Patienten anfänglich lachen kann (was diesen Patienten sehr willkommen ist), dass einem aber nach einiger Zeit das Lachen vergeht.

Das *gehemmte Denken* stellt in jeder Hinsicht das Gegenteil des ideenflüchtigen Denkens dar. Was dort zuviel war, ist hier zu wenig: es fehlt an Assoziationen, die Gedanken „fliessen" nicht mehr, der Gedankenablauf ist verlangsamt, auch das Bedürfnis, Gedanken mitzuteilen, ist minimal. Während das ideenflüchtige Denken keinen Inhalt festzuhalten vermag, weil die Assoziationen einander überstürzen, hat das gehemmte Denken nur ganz wenige Inhalte, um die es immerfort kreist: neue Einfälle stellen sich nicht ein, weil das Assoziieren aufs schwerste gehemmt ist.

Aber auch in ihrem Vorkommen ist die Denkhemmung das andere Extrem zur Ideenflucht: sie ist ein Hauptsymptom des depressiven Syndroms. *Darum* (und nicht wegen der formalen Denkstörung) sind die wenigen Inhalte dieses Denkens immer traurig oder verzweifelt, oder kreisen um das Gefühl der Leere oder der „Gefühllosigkeit". Dass sich aus der depressiven Stimmung heraus das Denken auch inhaltlich verändern kann, so dass Wahnideen auftreten, sei hier nur schon erwähnt, um zu betonen, dass die Bildung des depressiven Wahns nichts mit formalen Störungen des Denkens zu tun hat.

98

*Das zerfahrene Denken.* Wenn wir dem mündlich oder schriftlich geäusserten Gedankengang eines Menschen überhaupt nicht mehr zu folgen vermögen, wenn wir nur noch erkennen, dass er Bruchstücke von Gedanken in einer sinnlos erscheinenden Weise aneinanderreiht, wenn wir weder irgendein Denkziel noch assoziative Verknüpfungen in seinem Denken zu erkennen vermögen, dann bezeichnen wir sein Denken als „zerfahren". In leichteren Fällen hört sich das so an:

„Die Versorgung der Ukraine mit Schnellbooten ist ein echtes Kanarienproblem. Nicht die Durchschauung eines Umformungsprozesses steht dabei im Vordergrund, sondern es ist eine grobe Vernachlässigung der Individualpflichten zu verzeichnen. Jenseitige Bedürfnisse strömen ein und machen aus dem Leben ein doppeltes Tauschgefecht. Übersetzungsschwierigkeiten. Bei Übertretung des Ausgehverbotes drohen Durchtriebenheitsanspielungen und man sieht übergangslose Mantelkonturen."

Wenn die Denkform noch weiter zerfällt, nimmt die grammatikalische Struktur immer mehr ab, und die *„Neologismen"* (= Wortneubildungen), die auch schon im ersten Beispiel auftreten („Kanarienproblem", „Tauschgefecht") nehmen zu. Ein schizophrener Patient schrieb auf: „Das beste fortentlässig ver schauen vor ak kindliche Massenfriedens gelastige freie nach abschwirrenden kopfenthauptender Aufzucht dem 9ten bauchkehrlaute geboten."[11]

In der älteren Psychiatrie hat man Äusserungen dieser Art als „Wort-Salat" bezeichnet und schon damit zum Ausdruck gebracht, dass man sie für vollkommen sinnlose Produkte eines zerstörten Denkens hielt. Dahinter stand die Überzeugung, dass „in den psychischen Krankheiten jedesmal Erkrankungen des Gehirns zu erkennen" seien, wie es der deutsche Internist und Psychiater WILHELM GRIESINGER 1845 erstmals formuliert hatte. Gemäss dieser Auffassung ist ein hochgradig zerfahrenes Denken nichts weiter als das Symptom einer Hirnstörung, und es erscheint dieser Auffassung – die gelegentlich auch noch von heu-

[11] Zitiert nach HANS PRINZHORN, Bildnerei der Geisteskranken, Ein Beitrag zur Psychologie und Psychopathologie der Gestaltung, Neudruck der 2. Aufl. Berlin/Heidelberg/New York 1968, S. 272.

tigen Psychiatern verteidigt wird – geradezu lächerlich, nach einem verborgenen Sinn solcher Äusserungen zu fragen.

Für eine moderne Betrachtungsweise stellt sich das Problem jedoch sehr viel differenzierter dar. Zwar ist anzuerkennen, dass im Gefolge von Hirnkrankheiten das Denken „organisch" verändert werden und gelegentlich auch die Merkmale der Zerfahrenheit aufweisen kann. Aber die Krankheit, für die die Zerfahrenheit besonders charakteristisch ist, nämlich die Schizophrenie, wird nur noch von den wenigsten Psychiatern als eine körperliche Krankheit angesehen, und deswegen kann man die schizophrene Zerfahrenheit auch nicht mehr als eine technische Panne des „Denkapparates Gehirn" abtun. Vielmehr ist es inzwischen tausendfach gelungen, den zerfahrenen Äusserungen schizophrener Menschen Sinn abzugewinnen, und zwar durch Anwendung tiefenpsychologischer Deutungsmethoden auf das scheinbar Sinnlose. Dann stellt sich heraus, dass die Äusserungen Schizophrener deswegen sinn- und zusammenhanglos erscheinen, weil die Patienten solche Gedanken und Gefühle mitzuteilen versuchen, die sich der üblichen Begrifflichkeit und grammatikalischen Ordnung entziehen – sei es, weil es sich wirklich um Ausserordentliches handelt, oder sei es, weil die Einstellung des Patienten dazu eine ausserordentliche ist. Die Tiefenpsychologie erlaubt uns, das zerfahrene Denken zu erkennen und es – sofern unser Symbolverständnis dazu ausreicht – zu deuten oder doch wenigstens andeutungsweise zu erfassen, was es besagen will. Wir gehen dabei in ganz ähnlicher Weise vor, wie wir es bei der Deutung von Träumen tun.

So ist es für eine tiefenpsychologische Betrachtungsweise nicht korrekt, das zerfahrene Denken als einen „Zerfall" der Denkform zu bezeichnen; vielmehr liegt ihm eine tiefgehende *Veränderung* der Denkform zugrunde. Auf jeden Fall aber ist es falsch, die zerfahrenen Äusserungen Schizophrener als eine sinnlose quantité négligeable zu betrachten; sie stellen im Gegenteil verzweifelte Bemühungen dar, etwas mit den alltäglichen Mitteln der Sprache nicht Ausdrückbares dennoch mitzuteilen, und sie erfordern also unsere angespannteste Bemühung, hinzuhören und vielleicht doch zu verstehen.

100

## b) Inhaltliche Denkstörungen

Als pathologische Denkinhalte können streng genommen nur die Wahnideen bezeichnet werden. Es ist jedoch üblich, auch die „überwertigen Ideen" und die Zwangsideen den inhaltlichen Denkstörungen zuzurechnen. In beiden Fällen sind Einwendungen zu machen, aber wir wollen uns, um Verwirrung zu vermeiden, an die gebräuchliche Einteilung halten.

„Überwertige Ideen." Dies ist ein höchst problematischer Begriff der Psychopathologie. Es gibt so viele Möglichkeiten seines Missbrauches, dass man ihn am liebsten ausstreichen würde — wenn es nicht doch auch Fälle gäbe, in denen er unentbehrlich ist zur knappen Bezeichnung eines psychopathologischen Phänomens, das sonst nur umständlich beschrieben werden könnte.

Man meint damit Gedanken, die an sich nicht abnorm oder krankhaft sind, und deren Zustandekommen aus der Biographie des betreffenden Menschen durchaus verständlich ist, die aber so stark von Gefühlen besetzt und begleitet sind, dass sie dadurch eine subjektive Wertigkeit erlangen, die abnorm ist.

Überwertige Ideen drängen sich dauernd in den Vordergrund, stören oft den Zusammenhang des Denkens, verlangen ein sachlich nicht zu rechtfertigendes Mass von Beachtung. Meistens besteht auch ein starkes Bedürfnis, sie an andere weiterzugeben, und oft entsteht erst durch die aufdringliche Mitteilung solcher Gedanken ein Zustand des Leidens, der uns berechtigt, sie als pathologisch zu bezeichnen.

So wird man etwa einem Vegetarier selbst dann nicht nachsagen, dass er eine überwertige Idee habe, wenn er sein Vegetariertum mit einem gewissen missionarischen Eifer vertritt. Wenn er jedoch kaum noch von anderem reden kann, als von fleischloser Ernährung, wenn er beginnt, seine Familie damit zu tyrannisieren und sich schliesslich beruflich und sozial zu ruinieren, weil er unablässig auf seiner vegetarischen Weltanschauung herumreitet, dann wird man seine ursprünglich vielleicht sinnvollen vegetarischen Überzeugungen als krankhafte „überwertige Ideen" bezeichnen müssen.

In diesem Sinne kann z. B. auch eine berechtigte und zunächst

keineswegs abnorme Eifersucht zur überwertigen Idee werden —
ohne im geringsten etwas mit einem Eifersuchts*wahn* (siehe
S. 111) zu tun zu haben.

Das Phänomen, dass bestimmte Gedanken durch übermässige
Gefühlsbesetzung zwar nicht falsch, aber ,,pathogen" (= leiden-
erzeugend) werden können, existiert also zweifellos, und es ist
gut, für dieses Phänomen eine bestimmte Bezeichnung wie ,,über-
wertige Idee" zu besitzen.

Nun kommt aber schon in der Bezeichnung selbst zum Ausdruck, in welchem prekären Grenzbereich die Psychopathologie
sich hier bewegt: sie urteilt über den ,,Wert" von ,,Ideen" und
tut das im Namen des ,,gesunden Menschenverstandes", der
zwar oft, aber doch nicht immer im Recht ist.

Lesen wir in einem sehr schätzenswerten Lehrbuch der Psychiatrie nach, was für ,,Träger überwertiger Ideen" dort genannt
werden, so finden wir neben ,,Rohkostfanatikern" und ,,unduld-
samen Vegetariern" auch aufgezählt: ,,religiöse Eiferer und Sek-
tierer, gewisse Erfindertypen, eigensinnige Verfechter merkwür-
diger Theorien sowie andere nicht geisteskranke Aussenseiter und
Querköpfe, die ihren Lieblingsgedanken zum Kern einer Weltanschauung machen möchten."

Gewiss, es gibt Aussenseiter und Querköpfe, die tatsächlich
,,Träger überwertiger Ideen" sind; aber man sollte auf keinen
Fall versäumen hinzuzufügen, dass es auch neue Ideen gibt, die
einzelne Menschen deswegen zu ,,Aussenseitern" machen, weil
der gesunde Menschenverstand sie noch nicht fassen kann und
für ,,merkwürdige Theorie" hält, was in Wirklichkeit geniale Erkenntnis ist. Bei einigen Psychiatern wird die Psychopathologie
zur überwertigen Idee, was zur Folge hat, dass sie angesichts ge-
nialer Menschen nur noch zu fragen vermögen, ob es sich dabei
um Psychopathen, Neurotiker, Psychotiker oder nur um ,,Träger
überwertiger Ideen" handelt.

In dem Lehrbuch, aus dem wir zitierten, wird zwar eine wesentliche Einschränkung gemacht: ,,Als Krankheit sind die überwertigen Ideen erst dann anzusehen, wenn sie ihren Vertreter zu
einem Verhalten treiben, das ihn oder die Gemeinschaft schä-
digt" — ein Kriterium, das auch nicht ausnahmslos zutrifft, wenn

man etwa an Jesus von Nazareth denkt — aber dann werden zwei Beispiele gegeben, die in erschreckender Weise die Anmassung der Psychopathologie exemplifizieren: „z. B. wenn ein Adventist das Arbeiten am Sonnabend ablehnt oder ein Weltfriedensapostel den Kriegsdienst verweigert" (KLOOS, a. a. O., S. 147).

*Zwangsideen*

Zwangsideen oder Zwangsgedanken sind Gedanken, die zwar als unsinnig, falsch oder gar schädlich erkannt werden, die aber dennoch gedacht werden müssen. Das Ich wehrt sich gegen sie, „der Wille" versucht, sie zu unterdrücken, aber „der Zwang" ist stärker: das Ich muss gegen seinen Willen den sinnlosen Gedanken denken.

Zwangsgedanken werden aber nicht etwa so erlebt wie die „gemachten" oder „eingegebenen" Gedanken, also als etwas von aussen Aufgezwungenes; sondern das Ich erlebt den Zwangsgedanken durchaus als einen selbstgedachten Gedanken. Also nicht: in mir wird etwas gedacht, sondern: ich muss etwas denken.

Aus der bisherigen Beschreibung geht bereits hervor, dass man die Zwangsgedanken sehr wohl auch als formale Denkstörungen ansehen kann: nicht der Inhalt der Zwangsidee macht den Zwangsgedanken aus, sondern die Tatsache, dass sie gedacht werden muss; der teilweise Verlust der freien Wahl des Denkinhaltes ist aber eher eine formale Störung des Denkablaufes. Nun kann aber der Inhalt eines Zwangsgedankens so beträchtliche Konsequenzen haben, dass es doch wieder berechtigt ist, von inhaltlichen Denkstörungen zu sprechen. Die Zwangsgedanken beinhalten nämlich häufig Ängste oder Befürchtungen und zu gleicher Zeit Anweisungen, was gegen diese zu unternehmen sei. So kommt es, dass Zwangsgedanken sehr häufig Zwangshandlungen nach sich ziehen, wobei jedoch zu betonen ist, dass weder die Befürchtungen, noch die gegen sie gerichteten Abwehrhandlungen für berechtigt und sinnvoll gehalten werden; das Furchtbare ist, dass sie dennoch gedacht und getan werden müssen.

Zwangsgedanken und Zwangshandlungen stehen längst nicht immer im klaren Verhältnis von Ursache und Folge zueinander.

Nicht selten tritt zuerst der Zwang auf, bestimmte Handlungen zu begehen, und erst sekundär stellen sich begleitende Zwangsgedanken dazu ein. In solchen Fällen spricht man zweckmässig von „Zwangsantrieben".

Der bekannte Waschzwang z. B. kann auf zweierlei Weise zustandekommen. Entweder ist zuerst der Zwangsgedanke da: ich bin schmutzig und muss mich waschen — und daraus entwickelt sich (trotz der Einsicht, dass der ganze Gedanke unsinnig ist!) das Zwangsritual der so und so oft zu wiederholenden Waschungen; oder es wird primär der Zwangsantrieb zum Waschen erlebt, dem sich erst sekundär der Gedanke zugesellt: ich muss mich waschen, weil ich sonst immer schmutziger werden würde (wobei auch in diesem Falle sowohl die Handlung als auch der Gedanke als ebenso sinnlos wie zwingend erlebt werden).

Da es schliesslich auch Zwänge gibt, die weder Gedanken noch Handlungen darstellen, sondern entweder als Zwangsvorstellungen oder als Zwangsgefühle bezeichnet werden müssen, und da dennoch all diese Zwangsphänomene unzweifelhaft zusammengehören, muss man sich klarmachen, dass die Einreihung der Zwangssymptome unter die inhaltlichen Denkstörungen ziemlich willkürlich ist.

Wenn ein Mensch aus sich selbst heraus gezwungen ist, etwas zu denken, etwas zu tun, sich etwas vorzustellen, etwas zu erinnern usw., dann liegen dabei nicht eigentlich Störungen des Denkens, des Handelns, des Vorstellens oder des Gedächtnisses vor, sondern die Störung liegt gewissermassen tiefer: gestört ist nicht die einzelne Funktion, sondern gestört ist jenes Grundvermögen des Menschen, das man den „Willen" nennt. Es ist im jetzigen Zusammenhang nicht nötig, ausführlich auf die ebenso komplizierten wie unbefriedigenden Bemühungen der Willens-Psychologie einzugehen, statt dessen genügt die „notdürftige Begriffsbestimmung", die ROHRACHER gibt: „ein Wollen liegt vor, wenn sich ein Mensch in klarbewusstem Erleben und mit voller innerer Zustimmung für ein bestimmtes Ziel entscheidet oder es ablehnt" (ROHRACHER, a. a. O., S. 497).

Die Psychologie ist sich klar darüber, dass der Wille nicht eine frei verfügbare Kraft ist, mit der man beliebig schalten und walten

104

kann. Man kann längst nicht alles wollen, was man möchte. Und etwa der Sucht gegenüber (siehe S. 174f.) ist der Wille ohnmächtig. So ist es nicht überraschend, dass manche Psychologen eine selbständige „Willenskraft" überhaupt in Abrede stellen, und zwar häufig unter Berufung auf die Tiefenpsychologie, die zu zeigen vermag, dass die wirklichen Motive vermeintlicher Willensakte oft unbewusst sind.

Immerhin haben wir aber im allgemeinen die Überzeugung, dass wir unsere psychischen Funktionen wie auch unsere Handlungen doch so weit mit unserem „Willen" lenken können, dass wir wenigstens in der Lage sind, nicht aktiv etwas gegen uns selbst Gerichtetes zu denken oder zu tun.

Aber schon dieses geringste Mass an „Willensfreiheit" fehlt dem Zwangskranken. Er muss das wollen, was er nicht will; er muss, trotz klaren Bewusstseins der Schädlichkeit, sich selber schaden.

Wenn wir soeben das Wort „der Zwangskranke" verwendeten, dann müssen wir sogleich hinzufügen, dass längst nicht alle Zwänge krankhaft sind. „Das Erlebnis eines psychischen Zwanges ist eine letzte Tatsache. Normalerweise schon kann ich mich getrieben, gezwungen, beherrscht fühlen, nicht bloss durch äussere Mächte und andere Menschen, sondern von meinem eigenen Seelenleben. Dies Merkwürdige, dass ich auf diese Weise mir selbst gegenüberstehe, einer Triebregung folgen will und doch gegen sie kämpfe, dass ich selbst will und gleichzeitig nicht will, müssen wir als das uns bekannte Normale uns vergegenwärtigen, um die besonderen Phänomene zu verstehen, die wir als Zwangsvorstellungen, Zwangsantriebe usw. in der Psychopathologie beschreiben" (JASPERS, a. a. O., S. 111).

Fast jeder Mensch hat irgendwelche „lieben Gewohnheiten", und nicht wenige seufzen unter der „Macht der Gewohnheit". Die mächtigen Gewohnheiten können ans Zwanghafte grenzen, ohne deswegen schon Krankheiten zu sein.

Wer nur dann ruhig einschlafen kann, wenn er seine Kleider und Schuhe in einer ganz bestimmten Weise versorgt hat; wer „aus Gewohnheit" die Trambahnwagen zählt, die ihm in der Stadt begegnen; wer „aus Ordnungsliebe" die Kissen auf der

Couch oder die Schreibutensilien auf dem Schreibtisch in einer ganz bestimmten Art hinlegen muss — der ist deswegen sicher noch nicht als krank zu bezeichnen, selbst wenn ihm seine Gewohnheiten mehr lästig als lustig erscheinen.

Allerdings sind die Übergänge von den „normalen" zu den pathologischen Zwängen fliessend, und am pathologischen Ende der Skala stehen schwerste Fälle von Zwangskrankheiten, die den Patienten fast lebensunfähig machen können.

So kann der Zwang, die Lichtschalter und Wasserhähne im Hause zu kontrollieren, so ungeheurliche Formen annehmen, dass ihm täglich viele Stunden geopfert werden müssen. Waschzwänge können zur Anwendung verdünnter Säuren führen und schliesslich grosse Teile des Gewebes bis auf die Knochen zerstören. Der Zwangsgedanke „ich muss mein Kind töten" kann die monatelange Unterbringung einer Mutter in einer geschlossenen psychiatrischen Klinik unumgänglich machen — weil man weiss, dass unter Umständen solche Zwangsgedanken ausgeführt werden müssen. Die Zwangsbefürchtung: „ich könnte mit einer Krankheit andere Menschen anstecken", kann einen hochintelligenten Mann zu einem jahrzehntelangen Einsiedlerleben zwingen, bei dem er mit der Aussenwelt nur telephonisch verkehrt, seine getragenen Kleidungs- und Wäschestücke verbrennt, jede Woche sein Haus desinfizieren lässt — und so weiter; alles bei gänzlich klarer Einsicht in das Absurde dieser Gedanken und Ängste, und in letzterem Falle bei genauer Kenntnis aller psychiatrischen und tiefenpsychologischen Hypothesen über das Wesen der Zwangskrankheit.

Abschliessend sei noch auf den Unterschied zwischen „Zwang" und „*Sucht*" hingewiesen.

Beim Süchtigen besteht ein unwiderstehliches Verlangen, sich einen oder mehrere Stoffe einzuverleiben, durch die er in irgend einer Weise eine psychische Veränderung erfährt. Er wird von dem Mittel immer mehr abhängig, weil er bei seinem Fehlen immer unerträglichere körperliche und seelische Entziehungssymptome erleidet. Die befriedigende Wirkung des Mittels nimmt aber — rasch oder allmählich — ab, wodurch der Süchtige gezwungen wird, dessen Dosis zu steigern. Man sieht: auch der Süchtige steht unter einem Zwang, auch er muss gegen seinen Willen etwas tun, von dem er genau weiss, dass es ihm schadet.

So kann man zwar sagen, dass jede Sucht „Zwangscharakter" hat; aber man muss beachten, dass die Sucht sich doch wesentlich von der Zwangskrankheit unterscheidet. Denn während der Süchtige wenigstens eine vorübergehende *Befriedigung* seines Verlangens erreicht und deswegen an einer verständlichen Spaltung seines Willens leidet (der stärkere Teil „will" die Befriedigung, der schwächere die Abstinenz), gibt es für den Zwangskranken überhaupt keine „Lustprämie" in Gestalt der lockenden Befriedigung; sein Zwang ist ihm selber von vornherein sinnlos, er muss nur das Sinnlose wollen und weiss selbst nicht, warum.

Der Zwangscharakter der Sucht ist verständlich; das Zwingende des Zwangsgedankens oder der Zwangshandlung aber ist, wie JASPERS sagt, „eine letzte Tatsache".

*Wahnideen*

Wir werden im folgenden die Wörter „Wahnidee" und „Wahn" im gleichen Sinne verwenden.

Wahnideen sind Gedanken oder Urteile, die inhaltlich eindeutig falsch sind, von deren Richtigkeit aber der, der sie hat, absolut überzeugt ist.

Diese Definition ist zweifellos oberflächlich, denn sie setzt fälschlich voraus, dass wir sicher wüssten, was „richtig" und was „falsch" ist. In vielen Grenzbereichen wissen wir das nicht, und im Umkreis des Wahnes geraten wir gerade oft in diese Grenzbereiche. Vor allem dann, wenn Menschen von metaphysischen Gewissheiten ergriffen sind, wird man sich hüten, leichtfertig von „religiösem Wahn" zu sprechen und damit ein Urteil über „richtig" und „falsch" in diesem Bereich zu sprechen. Auf der anderen Seite widerspricht die Mehrzahl der Wahngedanken so eindeutig der allgemeinen Erfahrung der Wirklichkeit, dass es erlaubt ist, sie aufgrund des (in Grenzbereichen fragwürdigen) „gesunden Menschenverstandes" für objektiv unzutreffend anzusehen. Man muss sich nur stets mit allem Nachdruck klarmachen, dass Wahngedanken für den Wähnenden *absolut* (und nicht nur subjektiv) richtig sind. Denn sie sind — im Gegensatz zum Irrtum — „nicht aus zufälliger Unzulässigkeit der Logik, sondern aus einem inneren Bedürfnis heraus geschaffen worden" (BLEULER, a. a. O., S. 46). Sie sind logischen Gegenargumenten überhaupt nicht zugänglich, sondern basieren auf einer eigentümlichen „Wahngewissheit" und sind deswegen nicht korrigierbar.

Die Gewissheit von der Richtigkeit des Wahnes übertrifft meistens alle anderen Gewissheiten bei weitem, so dass der Wahnkranke viel eher bereit ist, die Intelligenz, Einsicht oder Redlichkeit seiner Mitmenschen zu bezweifeln, als die Richtigkeit oder sogar Wahrheit seines Wahnes auch nur in Frage zu stellen.

Mit derselben unerschütterlichen Überzeugung, mit der der Halluzinierende weiss, dass er wirklich etwas wahrnimmt, weiss der Wahnkranke, dass sein Gedanke richtig ist, auch wenn alle anderen Menschen ihm tausendmal versichern, dass er sich irrt.

Bei dieser Gelegenheit wollen wir gleich auf den grundlegenden Unterschied zwischen Halluzination und Wahnidee hinweisen (was umso wichtiger ist, als beide oft miteinander kombiniert vorkommen): bei der Trugwahrnehmung „Halluzination" wird immer — vermeintlich mit Hilfe der Sinnesorgane — etwas wahrgenommen, was andere Menschen nicht wahrnehmen; sie ist eben eine Störung der Wahrnehmung. Bei der Denkstörung „Wahnidee" sind jedoch niemals *gestörte* Wahrnehmungen im Spiel, sondern Wahnideen treten entweder als *Wahn-„einfälle"* auf, die mit der Wahrnehmung überhaupt nichts zu tun haben, oder sie knüpfen an irgend eine Wahrnehmung an, ohne diese jedoch in irgend einer Weise zu verfälschen. In diesem Fall ist die korrekte Wahrnehmung lediglich das Material, das in das „falsche" Denken, eben in die Wahnidee, eingeht. (Für Wahnideen, in die irgendwelche Wahrnehmungen hineinverarbeitet sind, hat JASPERS die etwas unglückliche Bezeichnung „Wahnwahrnehmung" geprägt a. a. O., S. 83.)

Beispiele für Wahnideen, die plötzlich „einfallen" und keine Wahrnehmungen mit einbeziehen: einem jungen Mann wird, während er seine Schuhe putzt, ganz plötzlich klar, dass Gott für ihn das Fräulein X zur Ehefrau auserkoren hat. — Eine Bauerntochter zeigt ihren Vater an, weil er mit den Kühen im Stall Unzucht treibe. Ob sie das gesehen habe? „Nein". Woher sie es denn wisse? „Ich weiss es einfach". Später weiss sie, dass dieser Mann gar nicht ihr Vater, sondern sie eine Tochter von Kennedy ist. Wie sie das wissen könne? „Ich weiss es einfach". – Eine ledige Schneiderin wird, extrem abgemagert und verwahrlost, in die psychiatrische Klinik gebracht. Sie hat anscheinend wochenlang ihr Zimmer nicht verlassen und kaum etwas anderes zu sich genommen als abgekochtes Wasser. Sie weiss – wie sie sagt: „aufgrund innerer Gewissheit" –, dass sie von jüdischen Geheimagenten überwacht wird, und dass sämtliche in den Geschäften erhältlichen Nahrungsmittel mit „jüdischem Atomgift" vergiftet sind.

Für solche „Wahneinfälle" werden manchmal Begründungen gegeben, die aus der Wahrnehmung stammen, bei denen man aber nicht beurteilen kann, ob die Wahrnehmung tatsächlich den Wahn ausgelöst hat, oder ob die Verknüpfung von Wahn und Wahrnehmung erst nachträglich erfolgte. So antwortete ein Mädchen, das – ohne je Geschlechtsverkehr gehabt zu haben – genau wusste, dass sie schwanger sei, auf die Frage nach der Ursache dieses Wissens: „Als ich aufwachte, läuteten die Glocken. Da wusste ich's."

Allerdings begegnen uns auch viele Fälle, in denen Wahrnehmungen (obgleich sie korrekt sind) wesentliche Bestandteile von Wahnideen sind. Wir zitieren zwei Beispiele von solchen „Wahnwahrnehmungen" aus JASPERS: eine Patientin „sieht einige Schritte weiter einen Mann in brauner Jacke: das ist der verstorbene Grossherzog, der wieder auferstanden ist. Zwei Menschen in Gummimänteln sind Schiller und Goethe"[12].

„Einem Kranken fällt im Café der Kellner auf. Der hupfte so schnell und unheimlich an ihm vorbei. Bei einem Bekannten fiel ihm das seltsame Benehmen auf, so dass ihm nicht geheuer war ... Dann kam ein Hund, der wie hypnotisiert war, wie ein Gummihund, als wenn er durch Maschinen bewegt werde. Es waren so viele Menschen unterwegs: es war wohl etwas gegen den Kranken im Werke. Alle klapperten mit den Schirmen, als wenn ein Apparat darin wäre."[13]

[12] JASPERS, a. a. O., S. 83.
[13] JASPERS, a. a. O., S. 84.

Wahnäusserungen von der Art des zweiten Beispiels nennt
JASPERS „Bedeutungswahn". Alle Wahrnehmungen erhalten hier
„irgendwie" eine sonderbare Bedeutung, alles mögliche „fällt
auf", ist unheimlich, verändert. Es liegt aber noch nicht eine *bestimmte* Bedeutung vor, und die Patienten sind nicht ganz sicher,
ob all die Sonderbarkeiten sich auf sie beziehen. Solcher Bedeutungswahn geht meistens einher mit einer *„Wahnstimmung"*, und
häufig geht diese ganz unbestimmte „Wahnstimmung" (also eine
Veränderung des Gefühlslebens, siehe S. 140) der Entstehung
eines fest umrissenen Wahnes um Tage oder Wochen voraus.

Wenn das Wahnerleben sich verfestigt, kommt der Patient
— allmählich oder schlagartig — zu der Gewissheit, dass all das
Sonderbare, Unheimliche, Bedrohliche (in seltenen Fällen auch:
all das Verheissungsvolle) sich tatsächlich *auf ihn* bezieht. Man
spricht dann vom *„Beziehungswahn"*. Der Mensch, der in einem
Beziehungswahn lebt, weiss, dass *seinetwegen* ein Flugzeug über
der Stadt kreist, dass *seinetwegen* das Wasser im Quartier abge-
stellt wurde, dass *seinetwegen* der Nachbar so komisch hustet.
Was beim Bedeutungswahn nur „irgend etwas" zu bedeuten hat,
bedeutet für den Menschen im Beziehungswahn: „ich bin damit
gemeint".

Ein in jeder Hinsicht unbescholtener Mann, der offenbar schon
tagelang in einer Wahnstimmung irgend etwas Bedrohliches kommen gefühlt hatte, findet eines Tages vor seinem Hause einen
leeren Plastik-Sack. Da weiss er, dass er von allen Menschen als
„Betrüger und Halsabschneider" angesehen wird. — Eine Studen-
tin erkennt plötzlich, dass in allen Zeitungen üble Anspielungen
auf sie stehen. Die hochintelligente Patientin räumt zwar ein,
dass nirgendwo ihr Name erscheint, aber sie betont, dass das gerade das Gemeine sei, dass ihr in den Zeitungen immer nur indirekt zu verstehen gegeben würde, wie man über sie denke. — Ein
älteres Fräulein berichtet, dass man sie seit längerer Zeit in immer krasserer Weise als Dirne behandle. Erst hätten nur die Nachbarn es dadurch zum Ausdruck gebracht, dass sie sie nicht mehr
gegrüsst hätten. Dann hätten immer häufiger Autos vor ihrer
Wohnung gehupt. Die Verkäuferin im Milchladen habe sie in an-
züglicher Weise gefragt, ob sie frischen oder älteren Käse wolle.

Endlich sei (was den Tatsachen entspricht) das Pflaster in ihrer Strasse aufgerissen worden, womit man ihr zu verstehen geben wolle, dass sie in ihrer Wohnung ein ganzes Bordell unterhalte.

In ähnlicher Weise können von Wahnkranken sämtliche Ereignisse der Umwelt nicht nur als in abnormer Weise bedeutungsvoll, sondern auch als auf die eigene Person bezogen erlebt werden. Es kommt dann unter Umständen zur systematischen Verknüpfung vieler Wahneinfälle und Wahnwahrnehmungen, so dass sich ein regelrechtes *„Wahnsystem"* ausbildet. Selbst reale und unverfälschte Erinnerungen können im Sinne des Wahnes interpretiert und in das Wahnsystem mit eingebaut werden. Man spricht dann von *„Wahnerinnerungen"*.

Nach dem hauptsächlichen Inhalt des Wahnes kann man zahlreiche Wahnformen voneinander unterscheiden, wobei man sich aber über die begrenzte Bedeutung solcher Etikettierungen im klaren sein muss. Wir nennen nur die häufigsten: Beziehungswahn, Verfolgungswahn, Beeinträchtigungswahn, Liebes- und Eifersuchtswahn, Verarmungswahn, Grössenwahn, hypochondrischer Wahn, Vergiftungswahn, Versündigungswahn.

In der älteren Psychopathologie wurde grundsätzlich unterschieden zwischen „echten Wahnideen" und „wahnhaften Ideen". Unter den *„echten"* (oder „primären") *Wahnideen* wurde etwas „Letztes", Unerklärliches, Unverstehbares und Nichtnachfühlbares verstanden. Gruhle definierte das Wesen dieser „echten" Wahnideen als eine „Beziehungssetzung ohne Anlass"[14]. Als *„wahnhafte Ideen"* oder „sekundäre Wahnideen" bezeichnete man solche, „die uns verständlich aus anderen seelischen Vorgängen hervorgegangen sind, die wir also psychologisch zurückverfolgen können auf Affekte, auf Triebe, Wünsche und Befürchtungen ..."[15]

Diese Unterscheidung ist zunächst einleuchtend. Denn in der Tat erscheinen viele Wahnbildungen (seien es nun Wahneinfälle oder Wahnwahrnehmungen) als etwas völlig Uneinfühlbares und mit den Mitteln der Bewusstseinspsychologie nicht Verständli-

---

[14] H. Gruhle „Über den Wahn", in: Der Nervenarzt, 1951 Heft 4, S. 125 f.
[15] Jaspers, a. a. O., S. 89.

ches. Andere Wahnentwicklungen dagegen kann man durchaus nachfühlen und aufgrund bewusstseinspsychologischer Überlegungen verstehen. Man denke etwa an den Beeinträchtigungswahn bei Schwerhörigen, die ständig misstrauisch sind und schliesslich zu der „wahnhaften" Überzeugung kommen, dass alle Anwesenden dauernd über sie sprächen. Oder man vergegenwärtige sich die Ehe eines chronischen Alkoholikers: seine Frau beschimpft ihn, verweigert ihm den Geschlechtsverkehr, verschliesst ihm die Haustüre, er selbst wird impotent: es ist durchaus verständlich, wenn dieser Mann zu seiner Entlastung und zur Erklärung seiner misslichen Ehesituation einen „sekundären Eifersuchtswahn" entwickelt.

Diese Diskrepanz zwischen „verstehbaren" und „unverständlichen" Wahnbildungen besteht jedoch nur dann, wenn man die Tiefenpsychologie als Instrument des Verstehens ausser acht lässt. Wenn man sich dagegen bemüht, mit den symboldeutenden Methoden der Tiefenpsychologie Eingang zu finden in die Wahnwelten vieler Patienten, dann werden so oft auch die scheinbar unverständlichsten und uneinfühlbarsten Wahnbildungen verständlich, dass man geneigt ist, H. STECK zuzustimmen, der schrieb: „Wenn wir den Wahn, sowohl den primären als auch den sekundären, psychopathologisch zusammenfassend zu verstehen versuchen, dann erscheint er, in welchem klinischen Zustandsbild er auch auftritt, als eine Reaktionsform und eine Kompensationserscheinung auf verschiedene Bedrohungen und Widerfahrnisse des Ichs. Er stellt eine Verdeutlichung, Symbolisierung der inneren Bedrohung, ... eine Abwehrreaktion gegen soziale Widerfahrnisse dar."[16]

*Blick auf die Psychiatrie*

Formalen Denkstörungen begegnen wir — wie oben schon gesagt — sowohl bei den endogenen als auch bei organisch bedingten Psychosen und bei der Epilepsie. Überwertige Ideen sind ein ganz unspezifisches Symptom. Wahnideen kommen zwar bei der

---

[16] Zitiert nach BASH, a.a.O., S. 122.

Schizophrenie oft vor, sind aber keineswegs für sie beweisend, sondern können auch bei der Zyklothymie, bei organischen Psychosen oder im Rahmen der (psychogenen) paranoiden Entwicklung angetroffen werden. Zwangsideen (und -handlungen) sind in leichter Form etwas nahezu „Normales", machen aber in schwerer Form die „Zwangskrankheit" aus, die man besser nicht als „Zwangsneurose" bezeichnen sollte. Zwangssymptome können auch als Begleitsymptome endogener oder organischer Psychosen angetroffen werden.

# V. Die Intelligenz und ihre Störungen

## Die Intelligenz

Es ist nicht nur psychologisch korrekt, sondern auch für die Psychopathologie und die Psychiatrie praktisch sehr wichtig, die für die Umgangssprache nahezu identischen Begriffe „Denken" und „Intelligenz" voneinander zu trennen.

Umgangssprachlich wird Intelligenz oft als „richtiges" oder „qualifiziertes" Denken aufgefasst. Wer „gut" denken kann (und dadurch erfolgreich ist), gilt umgangssprachlich als „intelligent".

Dieser volkstümlichen Auffassung entsprechen ältere psychologische Definitionen der Intelligenz, wie z.B. die oft zitierte von W. STERN (1911): „Unter Intelligenz versteht die moderne Psychologie jene *allgemeine* Fähigkeit, durch welche der Mensch *neuen* Anforderungen des Lebens mit Hilfe von Denkleistungen zu entsprechen vermag."[1]

Die in den seither vergangenen sechzig Jahren gewaltig verbreiterte und vertiefte Intelligenzforschung hat aber gezeigt, dass Intelligenz *mehr* ist als „Denkleistung", also mit anderen Worten: mehr als die Summe der „intellektuellen Fähigkeiten". Zweifellos spielt der Intellekt, d.h. die Fähigkeit des verständigen Denkens, eine überragende Rolle für die Intelligenz, aber auch Gedächtnis und Wahrnehmung sind (nicht nur als Zulieferer des Denkens, sondern auch als selbständige Funktionen) an der Intelligenz massgeblich beteiligt, und schliesslich kommt auch der Affektivität und dem Antrieb für die Intelligenzleistung erhebliche Bedeutung zu.

So betont ein heutiger Intelligenzforscher, D. WECHSLER: „Intelligentes Verhalten wird noch von anderen als intellektuellen Faktoren beeinflusst, z.B. durch Trieb und Anreiz"[2]. Er bezeichnet diese Faktoren als „nicht-intellektuelle Faktoren der allge-

[1] Zitiert nach KATZ, a.a.O., S. 495 f.

[2] DAVID WECHSLER, Die Messung der Intelligenz Erwachsener, Bern und Stuttgart 1964[3], S. 13 f.

meinen Intelligenz"[3] und betont, dass die Intelligenz nicht eine einheitliche, sondern eine zusammengesetzte Fähigkeit ist, die sich nicht nur auf das Denken, sondern auch auf das Handeln und die Anpassungsfähigkeit bezieht: „Intelligenz ist die zusammengesetzte oder globale Fähigkeit des Individuums, zweckvoll zu handeln, vernünftig zu denken und sich mit seiner Umgebung wirkungsvoll auseinanderzusetzen."[4]

Die Intelligenz ist bisher die einzige psychische Funktion, deren Quantität man messen, in Zahlen ausdrücken und dadurch vergleichbar machen kann. Es ist deswegen nicht verwunderlich, dass die psychologische Forschung der letzten siebzig Jahre eine grosse Fülle von Messmethoden der Intelligenz entwickelt hat; konnten doch die Psychologen, die sich so oft den Vorwurf der Subjektivität und mangelnden Exaktheit ihrer Ergebnisse gefallen lassen mussten, hier endlich einmal beweisen, dass auch ihre Wissenschaft zu vergleichbaren Messwerten zu gelangen vermag.

Die zahlreichen im Gebrauch befindlichen „Intelligenz-Tests" haben gemeinsam, dass sie dem zusammengesetzten Charakter der Intelligenz dadurch Rechnung tragen, dass sie jeweils *mehrere* Faktoren der Intelligenz mit Hilfe von Aufgaben und Fragen testen. Allerdings müssen die nicht-intellektuellen Faktoren dabei (weil sie nicht exakt messbar sind) weitgehend unberücksichtigt bleiben. „Obgleich die Intelligenz nicht bloss eine Summe intellektueller Fähigkeiten ist, liegt die einzige Möglichkeit ihrer quantitativen Bewertung in der Messung der verschiedenen Seiten dieser Fähigkeiten."[5] Genau genommen messen die Intelligenztests also nicht „die Intelligenz", sondern sie messen vor allem verschiedene Faktoren der intellektuellen Leistungsfähigkeit.

Einige solche Faktoren sind: Sprachbeherrschung, Wortflüssigkeit, Rechengewandtheit, Raumvorstellung, Auffassungsgeschwindigkeit, Gedächtnis, schlussfolgerndes Denken[6].

[3] a. a. O., S. 21.
[4] a. a. O., S. 13.
[5] WECHSLER, a. a. O., S. 14.
[6] Vgl. HOFSTÄTTER, a. a. O., S. 190.

Die Ansichten darüber, wieviele solcher Faktoren für die Erfassung der Intelligenz zu berücksichtigen seien, und wieviele verschiedene Aufgaben ein Intelligenztest demnach enthalten müsse, gehen weit auseinander. Einige Forscher berücksichtigen mehrere Dutzend solcher Faktoren; der viel benutzte Intelligenz-Test von WECHSLER kommt mit je fünf Untertests für den theoretischen und den praktischen Teil (in den der Gesamttest aufgeteilt ist) aus.

Einmütigkeit besteht darüber, dass die gemessenen Intelligenzwerte in Beziehung gesetzt werden müssen zum Lebensalter der getesteten Person. Diese Forderung wird − jedenfalls bis zu einem gewissen Grade − erfüllt durch den *„IQ"*, das heisst den *Intelligenz-Quotienten*. Dieser ergibt sich aus der Division des „Intelligenzalters" (d.h. der vorhandenen Intelligenz im Verhältnis zur statistisch ermittelten Durchschnitts-Intelligenz eines bestimmten Lebensalters) durch das tatsächliche Lebensalter der untersuchten Person.

Als durchschnittlicher IQ wird im allgemeinen die Zahl 100 gesetzt; ein IQ über 100 deutet in Richtung auf überdurchschnittliche, ein solcher unter 100 in Richtung auf unterdurchschnittliche Intelligenz. (Man muss den Spielraum der noch normalen Intelligenz jedoch gross genug, etwa auf 90 bis 110 ansetzen).

Die Messung der Intelligenz durch die Ermittlung des IQ mit Hilfe von einem oder mehreren Intelligenztests spielt praktisch eine grosse Rolle (z.B. in der Schulpsychologie, in der Berufsberatung, in der forensischen Psychiatrie usw.), jedoch darf man die Bedeutung der Intelligenztests für die theoretische Erfassung der Intelligenz nicht überschätzen. Es bleibt dabei, dass das Wesen der Intelligenz bisher nur unzulänglich erfasst werden kann, und wir wollen (mit HOFSTÄTTER[7]) annehmen, dass es sich um eine „ironisierende Formel" gehandelt hat, als ein amerikanischer Psychologe definierte: Intelligenz ist das, was die Intelligenztests messen[8].

[7] HOFSTÄTTER, a.a.O., S. 188f.
[8] Vgl. auch WECHSLER, a.a.O., S. 13.

## Störungen der Intelligenz

Grundlegend ist die Unterscheidung zwischen „Oligophrenie" (= „Schwachsinn") und „Demenz" (= „Verblödung").

Unter dem Namen *Oligophrenie* werden alle Zustände von pathologischem Intelligenzmangel zusammengefasst, die angeboren sind; unabhängig von den recht verschiedenen Ursachen, die ihnen zugrunde liegen können.

Von *Demenz* spricht man bei jenen Formen des pathologischen Intelligenzmangels, bei denen eine zuvor normale Intelligenz zerstört beziehungsweise „abgebaut" wurde; im deutschen Wort „Verblödung" kommt diese Bedeutung zum Ausdruck, denn ver-blöden kann nur derjenige, der zuvor nicht blöde war.

### a) Oligophrenie

Oligophrene sind Menschen, die nie einen Intelligenzgrad erreichen konnten, der in den Bezirk des noch Normalen hineinreicht. Wenn wir sagen, dass ihr Schwachsinn „angeboren" sei, dann müssen wir beachten, dass das Wort „angeboren" in diesem Zusammenhang mehrdeutig ist. Angeborener Schwachsinn kann *ererbt* sein, und bei der grossen Mehrzahl der Fälle von leichtem und mittelschwerem Schwachsinn (s. u.) handelt es sich um ererbte Formen.

„Angeboren" kann aber auch heissen: im Mutterleib oder während der Geburt *erworben*. In diesen Fällen ist der Schwachsinn nicht in den (von den Eltern ererbten) Anlagen verwurzelt, sondern er ist auf Hirnschädigungen des Kindes während der Schwangerschaft oder unter der Geburt zurückzuführen.

Endlich spricht man, was sprachlich nicht korrekt ist, auch dann von angeborenem Schwachsinn, wenn das Kind in seinen ersten Lebensmonaten eine Hirnschädigung erleidet, durch die eine normale Entwicklung der Intelligenz verhindert wird.

Die Berechtigung, so verschieden verursachte Formen des pathologischen Intelligenzmangels unter dem einen Begriff „Oligophrenie" zusammenzufassen, ergibt sich daraus, dass das psychopathologische Bild und vor allem die praktischen Auswirkungen des Syndroms in allen Fällen nahezu gleich sind.

Es ist üblich, die Oligophrenie in drei Schweregrade einzuteilen. Dabei ist zu bedenken, dass die Übergänge zwischen diesen drei Graden fliessend sind, und dass es in Grenzfällen eine Ermessensfrage sein kann, ob man den einen oder den anderen Schwachsinnsgrad für gegeben hält. Aus diesem Grunde wird auch die statistische Erfassung der Schwachsinnsgrade durch Ermittlung des IQ von vielen Psychiatern abgelehnt; die ermittelten Zahlenwerte würden eine irreführende Scheingenauigkeit ergeben.

Realitätsgerechter ist es, die Schwachsinnsgrade durch soziale Kriterien zu bestimmen. Der leichteste Grad von Schwachsinn ist die *Debilität*. Ein Debiler kann im allgemeinen die Normalschule besuchen, muss aber mehrere Klassen wiederholen. Gelegentlich bedarf er der Sonderschulung. Er kann keinen selbständigen Beruf erlernen, sondern nur eine Anlehre durchlaufen. Wenn seine Affektivität, seine Trieb- und Antriebsstruktur so beschaffen sind, dass sie seiner Anpassungsfähigkeit an die sozialen Ordnungen nicht im Wege stehen, so ist sein Intelligenzmangel allein kein Hinderungsgrund für volle berufliche und soziale Integration. Viele Debile heiraten; manche von ihnen sind − unter günstigen äusseren Umständen − durchaus in der Lage, ihre Kinder angemessen zu erziehen. In fraglichen Fällen wird der Psychiater vor die schwierige Aufgabe gestellt, die ,,Ehefähigkeit'' bzw. ,,Urteilsfähigkeit'' (Artikel 97 des Schweizerischen Zivilgesetzbuches) Schwachsinniger zu beurteilen.

Beim mittelschweren Schwachsinn, der *Imbezillität*, ist der Intelligenzmangel so erheblich, dass der Schwachsinnige nicht in der Lage ist, eine Normalschule zu besuchen. In Sonderschulen kann er elementare Fähigkeiten im Lesen, Schreiben und Rechnen erlernen, er ist jedoch nicht in der Lage, diese Fähigkeit selbständig sinnvoll anzuwenden. Oft wirken Imbezille, denen der ausserordentliche Aufwand einer Sonderschulung nicht zuteil wurde, erheblich unintelligenter als sie in Wirklichkeit sind; das mag daran liegen, dass sie − im Gegensatz zu vielen Debilen − keine eigene Initiative aufzubringen vermögen. − In industrialisierten Ländern werden Imbezille häufig in Heimen untergebracht

118

und dort zu mechanischen manuellen Tätigkeiten erzogen (oder dressiert); bäuerliche Gemeinwesen vermögen sie viel eher (als „dumme Magd" oder als „Dorftrottel") zu integrieren. — Aufgrund ihrer Unselbständigkeit gelten sie vor dem Gesetz als nicht „ehefähig", was aber natürlich nicht heisst, dass nicht sehr viele von ihnen — in ihrer Weise — den starken Wunsch nach erotischsexueller Verbindung mit anderen Menschen hätten.

Beim schwersten Schwachsinnsgrad, der *Idiotie*, ist die Intelligenz so gering, dass — im schulischen Sinne — Bildungsunfähigkeit besteht. Schwer idiotische Patienten lernen nicht sprechen, in leichteren Fällen sprechen sie im Telegrammstil oder in einer Kleinkindsprache. Viele idiotische Menschen sind nicht in der Lage, sich selbständig an- und auszuziehen, allein zu essen oder sich sauber zu halten. Sie sind immer „pflegebedürftig" und werden nur in seltenen Fällen (und unter kaum vorstellbaren Anstrengungen und Opfern) von ihren Familien gepflegt; meistens werden sie in Heimen oder Anstalten am Leben erhalten.

Es ist überaus eindrucksvoll zu erleben, wieviel nicht-intellektuelle „Bildung", nämlich Bildung im affektiven, musischen und mit-menschlichen Bereich die heutige Heilpädagogik den „bildungsunfähigen" Idioten zu geben vermag. Das Ziel der hingebungsvollen Arbeit der Heilpädagogik mit Oligophrenen liegt aber natürlich nicht in einer Überwindung des Schwachsinns, sondern darin, das Leben der Schwachsinnigen trotz des Intelligenzmangels sinnvoll und damit menschenwürdig zu machen.

Die gründliche Erfahrung mit Schwachsinnigen kann einen darüber belehren, wie stark wir im allgemeinen den Anteil der Intelligenz an der Individualität des Menschen überschätzen. Denn das herkömmliche Vorurteil, dass Imbezille oder Idioten keine „Persönlichkeiten", sondern im wesentlichen gleichförmige Träger von Schwachsinn seien, wird im Umgang mit ihnen gründlich widerlegt. Ganz abgesehen von immer wieder anzutreffenden inselförmigen Sonderbegabungen bei Schwachsinnigen (wie z. B. ausgezeichnetem Gedächtnis, guter Musikalität, pantomimischer und imitatorischer Begabung usw.) überraschen einen oft ihre affektive Differenziertheit, ihre Feinfühligkeit, ihr Mutterwitz. Wer Schwachsinnige wirklich kennenlernt (wozu er aber ganz und gar auf sein eigenes affektives Vermögen angewiesen ist), wird nicht zweifeln, dass sich unter ihnen genauso viele ausgeprägte Persönlichkeiten befinden wie unter den normal Intelligenten.

Die alte Einteilung der Schwachsinnigen in „torpide" (= stumpfe) und „erethische" (= erregte) sagt mehr über die Einstellung der früheren Psychiatrie zu den Schwachsinnigen als über diese selbst aus. Es ist kaum zu bezweifeln, dass auch die meisten „Normalen", wenn sie unter den Bedingungen vegetieren müssten, unter denen noch heute eine grosse Zahl Schwachsinniger zu leben hat, entweder torpide oder erethisch reagieren würden.

## b) Demenz

Als Demenz bezeichnet man heute nur noch einen endgültigen unheilbaren Abbau einer früher vorhandenen Intelligenz. Endgültig und unheilbar sind nur jene Formen der Demenz, die auf eine organische Hirnschädigung zurückgehen, so dass im heutigen psychopathologischen Sprachgebrauch „Demenz" immer gleichbedeutend ist mit „organischer Demenz".

Die *scheinbare Demenz*, die sich bisweilen bei schizophrenen Patienten einstellt, ist vermutlich nicht organisch bedingt und jedenfalls nichts Endgültiges. BLEULER sagt über sie: „Der Kranke und die Gesunden verstehen sich nicht mehr. Der Kranke gibt resigniert oder verbittert jedes Bemühen auf, sich noch verständlich zu machen. Er spricht nichts oder nichts Verständliches mehr. Damit hat er für den naiven Betrachter den Verstand verloren. Man kann aber seinen Verstand entdecken, wenn man den Kranken mit genügendem Geschick, Stetigkeit und viel Einfühlungsvermögen behandelt."[9]

Die Unterscheidung zwischen einer Demenz und einem Schwachsinn ist auf den ersten Blick nicht einfach. Bei näherer Beschäftigung mit dem Dementen entdeckt man jedoch nahezu

[9] M. BLEULER, Die schizophrenen Geistesstörungen, Stuttgart 1972, S. 525.

120

immer irgendwelche Reste seiner früheren Intelligenz, die allerdings jetzt lose und unverbunden im Raume stehen. Höflichkeitsfloskeln, Umgangsformen, Teilfähigkeiten aus dem früheren Beruf, Erinnerungsbruchstücke an früher überschaute Zusammenhänge: das alles sind Restbestände einer gestörten Intelligenz, die man bei Oligophrenen nicht – oder nicht in der gleichen Form – vorfindet. Höflichkeitsformen etwa wirken bei Imbezillen viel echter, spontaner und erfüllter als bei Dementen, bei denen sie meistens ausgesprochen fassadenhaft, beziehungslos erscheinen. So wirkt der Demente überhaupt ausgehöhlt oder leergebrannt; man merkt, dass er einmal anders war, während man beim Oligophrenen spürt, dass er mit sich identisch ist.

In der Demenz treten oft gerade unliebsame Charakterzüge, die früher durch die Intelligenz beherrscht und zurückgehalten wurden, deutlich hervor, was den Umgang mit Dementen verständlicherweise sehr erschweren kann. Im Gegensatz zur Oligophrenie ist die Demenz ein fortschreitendes Leiden, das allmählich beginnt und zu immer schwererer Ausprägung führt.

*Blick auf die Psychiatrie*

Oligophrenie ist in der Mehrzahl der leichten und mittelschweren Fälle erbbedingt. Die schweren Formen gehen hingegen häufiger auf frühkindliche Hirnschädigungen zurück. Die Ursachen der Oligophrenie sind im einzelnen ausserordentlich verschieden.

Demenz kann durch alle Krankheiten entstehen, die chronische diffuse Hirnschädigungen zur Folge haben. Man unterscheidet nach den zugrunde liegenden Krankheiten viele Formen der Demenz, z.B.: senile, arteriosklerotische, alkoholische, epileptische, paralytische Demenz usw. Die psychopathologischen Symptome, die den Intelligenzabbau begleiten, sind jedoch nur in seltenen Fällen für die verursachende Krankheit typisch.

# VI. Das Fühlen und seine Störungen

## Das Fühlen

(Wir bezeichnen mit BLEULER die Gesamtheit aller Bestandteile des Gefühlslebens als *,,Affektivität''*. Im Gegensatz zu BLEULER[1] zählen wir jedoch die ,,Triebhaftigkeit'' *nicht* zur Affektivität.) Das einzig Sichere, was man über das Fühlen aussagen kann, ist, dass es sich nicht nur der knappen Definition, sondern sogar jeder noch so umständlichen Beschreibung entzieht.

Während man beim Nachdenken über das Denken auf die Schwierigkeit stösst, dass das Denken sich selbst zu seinem Objekt macht, ohne doch einen Bezugspunkt ausserhalb seiner selbst finden zu können, gerät man beim Nachdenken über das Fühlen in eine Schwierigkeit anderer Art: Fühlen ist die dem Denken entgegengesetzte Funktion, und so entferne ich mich umso weiter vom Gegenstand meines Denkens, je ,,denkerischer'' ich über das Fühlen nachdenke. Nur Gedanken über Gefühle können formuliert werden; man darf jene jedoch nicht mit diesen verwechseln. Zwar kommt das Denken fast nie ohne gleichzeitiges Fühlen vor, und auch die Umkehrung gilt: nahezu immer erwecken uns Gefühle auch Gedanken − und doch erfährt jeder Mensch oberhalb einer gewissen Bewusstseins-Differenzierung, dass Denken und Fühlen zweierlei ist.

Aber nicht nur vom Denken ist das Fühlen abzuheben. JASPERS stellt fest: ,,Gewöhnlich nennt man ,Gefühl' alles Seelische, das weder deutlich zu den Phänomenen des Gegenstandsbewusstseins, noch zu Triebregungen und Willensakten zu stellen ist''. Und er fährt fort, indem er die Undefinierbarkeit der Gefühle gerade zu deren Kriterium macht: ,,Alle unentwickelten, unklaren psychischen Gebilde, alle unfassbaren, der Analyse entrinnenden, heissen ,Gefühl', mit einem Wort alles, was man sonst nicht zu benennen weiss.''[2]

---

[1] BLEULER, a.a.O., S. 58.
[2] JASPERS, a.a.O., S. 90.

Wenn man sich bemüht, über das Gefühl doch mehr zu sagen, als dass es ein „unklares psychisches Gebilde" ist, dann kommt man etwa zu folgender Umschreibung, die C.G. JUNG gibt: „Das Gefühl ist zunächst ein Vorgang, der zwischen dem Ich und einem gegebenen Inhalt stattfindet, und zwar ein Vorgang, welcher dem Inhalt einen bestimmten *Wert* im Sinne des Annehmens oder Zurückweisens (,Lust' oder ,Unlust') erteilt, sodann aber auch ein Vorgang, der, abgesehen vom momentanen Bewusstseinsinhalt oder von momentanen Empfindungen sozusagen isoliert als ,Stimmung' auftreten kann. Dieser letztere Vorgang kann sich auf frühere Bewusstseinsinhalte kausal beziehen, braucht es aber nicht notwendigerweise, indem er ebenso gut auch aus unbewussten Inhalten hervorgehen kann, wie die Psychopathologie reichlich beweist."[3]

Dass das Fühlen eine *wertende* Funktion ist, die über das „Annehmen oder Zurückweisen" eines objektiv gegebenen oder innerseelischen Inhaltes entscheidet, kommt indirekt auch in der Auffassung von WILHELM WUNDT zum Ausdruck, der den Gefühlen drei „Hauptrichtungen" zuspricht, „die sich zwischen Gefühlsgegensätzen von dominierendem Charakter erstrecken." Diese drei Hauptrichtungen WUNDTs sind: Lust und Unlust, erregende und beruhigende Gefühle, sowie spannende und lösende Gefühle[4]. Die Gefühle bewegen sich (fliessend oder abrupt) zwischen den verschiedenen Polen dieser Hauptrichtungen hin und her; mit anderen Worten: die Dynamik des Gefühlslebens beruht auf dem *Gegensatzcharakter* der Gefühle.

Zumindest das Gegensatzpaar Lust-Unlust als eine „Hauptrichtung" des Gefühls hat nach WUNDT allgemeine Anerkennung in der Psychologie gefunden. FREUD sieht in der Tendenz, Lust zu gewinnen und Unlust zu vermeiden (= *„Lustprinzip"*) ein Grundprinzip des psychischen Geschehens überhaupt, das durch das „Realitätsprinzip" teils eingeschränkt, teils aber auch gesichert wird[5].

[3] C.G. JUNG, Psychologische Typen, Ges. Werke Bd. VI, Zürich und Stuttgart 1960, S. 467f.

[4] W. WUNDT, Grundriss der Psychologie, 7. Aufl. Leipzig 1905, S. 99f.

[5] S. FREUD, Formulierungen über die zwei Prinzipien des psychischen Geschehens, in Ges. Werke Bd. VIII, S. 230ff.

Dass FREUD, der sich nur sehr wenig mit der Gefühlspsychologie beschäftigte, die „Herrschaft des Lustprinzips"[6] viel mehr im Zusammenhang mit dem Trieb als mit dem Gefühl sah, weist zwar auf die enge Beziehung zwischen diesen beiden Aspekten des seelischen Lebens hin (auf die wir später, siehe Seite 150, eingehen werden); es darf aber nicht zu dem Irrtum verleiten, dass Gefühle etwa *nur* im Zusammenhang mit Triebregungen aufträten.

Vielmehr gibt es Versuche, die Gefühle gemäss ihrer „Tiefe" einzuteilen, in denen der Begriff des Triebes überhaupt keine Rolle spielt. Hierher gehört beispielsweise die Einteilung von MAX SCHELER, die die folgende Stufenordnung der Gefühle vorschlägt:

1) sinnliche oder „Empfindungsgefühle". Sie stellen das Gefühlsäquivalent der Empfindungen dar und sind deswegen im allgemeinen lokalisierbar. Hierher gehört z. B. das Gefühl „Schmerz", aber auch das Gefühl „Lust".
2) vitale Gefühle, die man auch „totale Leibgefühle" nennen könnte. Sie betreffen das leibliche Ich als Ganzes, also etwa: das Gefühl der Frische, der Mattigkeit, der Erschöpfung usw.
3) „psychische Gefühle" wie Liebe, Hass, Angst, Traurigkeit usw. Sie sind für SCHELER „Qualitäten des Ich".
4) geistige oder kosmische Gefühle wie Ekstase, Glückseligkeit, Verzweiflung. SCHELER nennt sie auch „Persönlichkeitsgefühle" und sieht in ihnen nicht Ich-Qualitäten, sondern Seinsweisen[7].

Obgleich solche Katalogisierungen der Gefühle etwas sehr Unbefriedigendes haben, sind sie doch mehr wert als Definitionen und Umschreibungen, weil sie, im Gegensatz zu diesen, wenigstens eine Spur von Anschaulichkeit besitzen. Darum wollen wir noch die „Dreiteilung der Gefühlsarten" zitieren, die ROHRACHER vorschlägt, und die sich vor der SCHELERschen Einteilung auszeichnet durch grössere Präzision und angemessenere Berücksichtigung des Trieblebens für die Entstehung der Gefühle:

---

[6] S. FREUD, Ges. Werke Bd. XIV, S. 227.
[7] Nach P.J.A. CALON und J.J.G. PRICK: Psychologische Grundbegriffe, Salzburg 1969, S. 118ff.

1) empfindungsbedingte Gefühle (z. B. Schmerz, Lust, Wohlge-
schmack, Wohlgeruch, die Gefühle bei Kälte und Wärme usw.),
2) triebbedingte Gefühle, und zwar
   a) vitale Triebgefühle (die Lust bei der Triebbefriedigung, die
   Unlust des unbefriedigten Triebes, Angst, Grauen, Furcht
   usw.)
   b) soziale Triebgefühle (Neid, Eifersucht und alle Gefühle, die
   aus sozialen Trieben und ihrer Befriedigung entstehen),
3) persönlichkeitsbedingte Gefühle. In ihnen wirkt sich die individuelle Persönlichkeit unmittelbar aus; sie enthalten immer
eine Stellungnahme der Persönlichkeit. Sie lassen sich folgen-
dermassen unterteilen:
   a) religiöse Gefühle
   b) ethische Gefühle
   c) ästhetische Gefühle
   d) logische Gefühle
   e) Sympathie- und Mitgefühle
   f) Gerechtigkeits-, Takt- und Anstandsgefühle[8].

Wenn man sich in dieses System vertieft, wird einem bald auffallen, dass einige derjenigen Gefühle, die jedermann am ersten
mit dem Wort ,,Gefühl'' assoziiert, keinen rechten Platz haben:
Freude, Trauer, Gram und Verzweiflung z. B. lassen sich hier
kaum unterbringen.

Diese Schwierigkeit, und vor allem der Weg, den ROHRACHER
selbst zu ihrer Überwindung vorschlägt, zeigen sehr deutlich,
dass eine allseits befriedigende Systematisierung der Gefühle
nicht möglich ist: er bezeichnet die eben genannten Gefühle als
,,private Gefühle'' und ordnet sie als *,,sekundäre* persönlichkeitsbedingte Gefühle'' in sein System ein, wobei ,,sekundär'' zum
Ausdruck bringen soll, dass diese Gefühle bereits andere Gefühle
zur Voraussetzung haben[9]. Wenn das auch viel sinnvoller ist als
SCHELERS Begriff ,,psychische Gefühle'', so zeigt es doch deutlich,
dass sich die lebendige Fülle der möglichen Gefühlserlebnisse
eben nicht ohne einen gewissen Zwang in ein wissenschaftliches

[8] ROHRACHER, a. a. O., S. 453.
[9] ROHRACHER, a. a. O., S. 458.

System bringen lässt; eine Tatsache übrigens, auf die ROHRACHER – wie die allermeisten neueren Psychologen – nachdrücklich hinweist.

Wir müssen noch eine Qualität der Gefühle erwähnen, die wir bisher unbeachtet liessen, die aber gerade für das Verständnis der Gefühls*störungen* von grosser Bedeutung ist.

Wir konnten der Umschreibung von C. G. JUNG entnehmen, dass Gefühle immer durch irgend etwas Gegebenes ausgelöst oder erzeugt werden. Diese gefühlsauslösende Gegebenheit kann von aussen kommen und über die Wahrnehmung ins Bewusstsein gelangen: ich höre die Nachricht vom Tode eines geliebten Menschen und werde dadurch traurig. Sie kann aber auch „von innen" kommen: mir fällt ein (das heisst: mir tritt aus meinem Gedächtnis ins Bewusstsein), dass ich noch Geld zu kriegen habe, und ich bin erleichtert. Oder: ich stelle mir die bevorstehenden Ferien vor und fühle freudige Erwartung.

Schliesslich kann ich auch von starken Gefühlen erfüllt sein, ohne dass mir die auslösende Gegebenheit bewusst wird: sie ist mir unerkennbar oder „unbewusst".

Es ist klar, dass wir auf Gefühle, die unbewusst entstehen, keinerlei Einfluss nehmen können. Aber wie steht es mit jenen, deren Auslöser Inhalte unseres Gegenstandsbewusstseins sind? Müsste es uns nicht möglich sein, diese Gefühle vorsätzlich in uns zu erzeugen?

Für die meisten „empfindungsbedingten Gefühle" können wir diese Frage bejahen. Ich kann mich kneifen oder mich brennen und mir dadurch die Gefühle „Schmerz" oder „Hitze" erzeugen. Diese allereinfachsten lokalisierten Leibgefühle sind eben nur theoretisch von „Wahrnehmungen" zu unterscheiden; praktisch fallen sie mit den entsprechenden Wahrnehmungen in eins und können – unter denselben Voraussetzungen wie diese – willentlich herbeigeführt werden. – Allerdings gibt es auch kompliziertere empfindungsbedingte Gefühle, die nicht nur von den physikalischen Reizen und ihrer Wahrnehmung abhängig sind. So kann man zum Beispiel, auch wenn man noch so „kitzelig" ist, im allgemeinen nicht sich selber kitzeln; man hat dann zwar dieselbe

Wahrnehmung, als ob man von einem anderen gekitzelt würde, aber das Gefühl „es kitzelt" stellt sich nicht ein.

Wenn wir zu den „vitalen Triebgefühlen" fortschreiten, müssen wir die Frage, ob man sie bewusst herbeiführen könne, noch vorsichtiger beantworten. Zwar kann ich mir das Lustgefühl durch die Befriedigung des Nahrungstriebes vorsätzlich verschaffen, indem ich genügend lange faste und dann esse; aber schon das volle sexuelle Lustgefühl (also der Orgasmus) kann sich meinem Vorsatz verweigern, und erst recht die „sozialen Triebgefühle" kann ich nicht willentlich herbeiführen: wenn mich nichts eifersüchtig macht, kann ich Eifersucht nicht fühlen. Und endlich die „persönlichkeitsbedingten Gefühle": sie sind der Willkür offenbar völlig entzogen. Sie können nicht bewusst erzeugt werden, und ihre Entstehung ist − bei der selben Gegebenheit − nicht nur von Mensch zu Mensch, sondern sogar beim selben Individuum von Fall zu Fall verschieden. Um es am Beispiel eines „ästhetischen Gefühls" zu verdeutlichen: dieselbe Symphonie kann den einen zutiefst ergreifen, während sie den andern kalt lässt. Dieser Unterschied ist dann eben „persönlichkeitsbedingt": zur Persönlichkeit des einen gehört es, dass er für diese Musik gefühlsmässig empfänglich ist, während es zur Persönlichkeit des andern gehört, dass der Gefühlsgehalt, der in dieser Musik gestaltet ist, bei ihm keine Resonanz findet. Aber auch auf denselben Menschen wirkt dieselbe Musik nicht immer gleich: das Streichquartett, das den Hörer gestern auf unbeschreibliche Weise ergriffen und in leib-seelische Mitschwingung versetzt hatte, wird von ihm heute nur noch als tönende Konstruktion erlebt, deren Aufbau er zwar denkend verfolgen kann, die aber sein Gefühl so gut wie nicht berührt, obgleich er gerade sein Gefühlserlebnis wiederholen wollte.

Wir pflegen dann zu sagen, der Hörer sei heute eben nicht „in der Stimmung", die Musik „emotional" in sich aufzunehmen.

Mit den Begriffen „Emotion" und „Stimmung" gelangen wir zu einer Unterscheidung verschiedener Gefühlsqualitäten, die in der Psychologie schon lange gebräuchlich und auch für die Psychopathologie von Bedeutung ist: es ist die *Unterscheidung* verschiedener Gefühlsabläufe *nach* ihrer *Intensität und Dauer.*

127

In dieser Skala bezeichnet man ein sehr intensives, aber kurzdauerndes Gefühl, das meistens mit deutlichen körperlichen Begleiterscheinungen einhergeht, als einen „*Affekt*"[10]. Affekte sind „Gefühlsaufwallungen" oder „Gefühlsausbrüche", also z. B. plötzliche Äusserungen von Zorn, Begeisterung, Angst, Freude, Schreck, Empörung usw. Die Affekte zeigen am deutlichsten, dass Affektivität sich im Leiblichen ausdrückt: der Zornige stampft mit dem Fuss, der Begeisterte springt auf, der Ängstliche erbleicht, der Freudige klatscht in die Hände, der Erschrockene zuckt zusammen, der Empörte schreit auf und so weiter.

Der starke leibliche Ausdruck trägt zugleich zu ihrer „Abreaktion" bei: das starke und plötzlich einschiessende Gefühl klingt im allgemeinen umso rascher ab, je angemessener es sich leiblich äussern kann. Gestik, Mimik, vokale Äusserungen oder vegetative Reaktionen stellen gewissermassen ein Ventil für den momentanen Gefühlsdruck dar und haben dessen rasches Abfallen zur Folge; erst der unterdrückte Zorn, die verhohlene Empörung, der verbissene Schmerz werden chronisch und nagend. – Aber natürlich sind Bereitschaft oder Fähigkeit, sich direkt leiblich der Affekte zu entäussern, von Mensch zu Mensch verschieden gross; auch bestehen in dieser Hinsicht Unterschiede zwischen den Völkern und Rassen, ohne dass man entscheiden könnte, was davon erbbedingt und was eine Folge der Erziehung ist. Auf jeden Fall muss man aber diese Unterschiede bei der Beurteilung des Verhaltens verschiedener Menschen berücksichtigen: das affektive Durchschnittsverhalten eines Japaners etwa würde, an einem Italiener beobachtet, als depressiv zu bewerten sein, während umgekehrt die normalen affektiven Äusserungen eines Italieners in japanischer Umgebung als manisch erscheinen würden.

Gefühlsregungen, die weniger heftig, aber länger anhaltend, meistens auch „tiefer" gehend und von mehr zusammengesetzter Natur sind, nennen wir „*Emotionen*". Zwar ist es richtig, dass eine präzise Unterscheidung von Affekt und Emotion längst

---

[10] Man beachte den Unterschied zu „die Affektivität", was, wie wir sagten, eine Bezeichnung für die Gesamtheit des Gefühlslebens ist.

nicht immer möglich ist und dass der eine in die andere nahtlos übergehen kann; dennoch ist es bedauerlich, dass die beiden Begriffe in der psychologischen Literatur so oft im gleichen Sinne gebraucht werden.

Den Unterschied zwischen Affekt und Emotion machen wir uns am besten wieder an einem Beispiel klar: wenn ich einen Wildwestfilm ansehe, so kann die aktionsreiche, spannende Handlung mir mannigfache Affekte auslösen: Verblüffung, Angst, Begeisterung, Heiterkeit, Entsetzen, Abscheu und so weiter. Diese Affekte bleiben jedoch oberflächlich und sind kurzlebig: ich verlasse das Kino ohne irgendeine weitschwingende gefühlsmässige Beteiligung an dem Film, der mich emotional nicht ergriffen hat.

Ein anderer Film kann eine ganz andere Wirkung auf mein Gefühlsleben haben: er ist viel weniger auf Affekt-provozierende Effekte hin angelegt, dringt dafür aber „tiefer" in mein Mitfühlen ein und erzeugt in mir recht komplizierte Gefühle wie z.B. das Gefühl ohnmächtiger Hilfsbereitschaft, das Gefühl auswegloser Zwiespältigkeit oder verzichtender Resignation und so weiter. Während der Film lief, bemerkte ich nur wenige Affekte in mir, wohl aber ein gewisses „Angerührtsein" (das „Rührung" zu nennen nur der heutige Sprachgebrauch verbietet), das weniger auffällig als der Affekt ist, mich aber viel umfassender ergreift: der Film hat „Emotionen" in mir wachgerufen, und diese können noch stunden-, vielleicht sogar tagelang in mir nachwirken.

Aus diesem Beispiel darf man allerdings nicht den Fehlschluss ziehen, dass Emotionen „wertvoller" seien als Affekte; mit Wertungen haben die beiden Begriffe nichts zu tun.

Von praktischer Bedeutung ist die Unterscheidung von Affekt und Emotion etwa bei der Beurteilung der Gefühlslage eines Gesprächspartners: ich kann zwar leicht feststellen, dass er bei dem Gespräch lebhafte Affekte zeigt, aber ich muss — was nicht einfach ist — davon unterscheiden, ob er auch in entsprechender Weise emotional an dem Gespräch beteiligt ist. Bei manischen Patienten z.B. kann da eine beträchtliche Diskrepanz bestehen, die ich berücksichtigen muss, wenn ich die Affektivität des Patienten richtig einschätzen will.

Es ist deutlich, dass Affekte und Emotionen immer als Reaktionen auf irgend welche Erlebnisse oder Gedanken zustande kommen. Deswegen haben diese Gefühlsqualitäten auch immer einen deutlich erkennbaren Beginn, erreichen eine in etwa zu bestimmende Intensität und klingen dann nach einem mehr oder weniger scharf abgrenzbaren Zeitraum ab.

Anders verhält es sich mit der „*Stimmung*", der wir uns als der letzten Gefühlsqualität im Rahmen unserer Einteilung der Gefühle nach Intensität und Dauer zuwenden wollen.

Stimmungen haben längst nicht immer erkennbare Ursachen, sie erstrecken sich meistens über längere Zeiträume, deren Anfang und Ende aber oft ganz verschwommen sind. Ihre Intensität kann sehr verschieden sein. Im allgemeinen ist sie eher schwach, so dass die Stimmungen dann lediglich Hintergrundsphänomene des seelischen Lebens sind, die zwar allen anderen seelischen Funktionen eine eigene Tönung mitteilen, die aber selber nur wenig zum Bewusstsein kommen. Für diese wenig intensiven Stimmungen gilt die Definition von JASPERS: „Stimmungen nennt man das Zumutesein oder die innere Verfassung bei länger dauernden Gefühlszuständen, die dem gesamten Seelenleben für die Dauer ihres Bestehens eine eigene Färbung geben"[11].

Da es irgendein „Zumutesein" oder eine innere „Verfassung" bei jedem wachen Menschen zu jeder Zeit geben muss, kann man die Ansicht vertreten, dass jedem Menschen eine „Grundstimmung" eigen ist, die zwar unter dem Einfluss von besonderen Erlebnissen stark schwanken kann, die aber im Zustande der Ausgeglichenheit über Jahre oder Jahrzehnte hinweg immer wieder in die gleiche Mittellage sich einpendelt. Dabei ist aber zu bedenken, dass es eine „normale" Grundstimmung nicht gibt, sondern dass für verschiedene Menschen nach Massgabe ihres „Temperamentes" und ihres Lebensalters ganz verschiedene Grundstimmungen als normal anzusehen sind. Die normalerweise etwas lahme, gedrückte und kühle Grundstimmung des Phlegmatikers würde für den lebhaften, leicht ansprechbaren Sanguiniker schon eine leichte Depression bedeuten, und eine Stimmungslage, die wir bei einer alten Dame als „hypomanische" ausgelassene Heiterkeit bezeich-

---

[11] JASPERS, a. a. O., S. 91.

nen würden, kann für ein junges Mädchen die alltägliche Grundstimmung bedeuten.

Erst dann, wenn unsere augenblickliche Stimmungslage deutlich von unserer Grundstimmung abweicht, erhält sie so viel Intensität, dass sie uns als etwas Besonderes zum Bewusstsein kommt. Wir sind dann, gemessen an unserer Grundstimmung, bereits „verstimmt" und können in solcher „Verstimmung" (sei sie zum negativen oder zum positiven Pol gerichtet) nicht lange verharren. Hier gilt BLEULERs Feststellung: „Die meisten Verstimmungen (gesunde oder krankhafte) sind ihrem Wesen nach *vorübergehend*: Die ‚Stimmung' entspricht biologisch gesehen der allgemeinen intellektuellen, emotionellen und vegetativen Schaltung auf *eine* Lebensfunktion unter vorübergehender Benachteiligung der andern: z. B. auf freudig beschwingte Aktivität, auf ängstliches Sich-Ducken, auf angriffiges Ausleben von Rache und Ressentiment, auf Erotik oder auf sattes Ausruhen usw. Stimmungen müssen von beschränkter Dauer sein, weil sonst andere notwendige Lebensbedürfnisse nicht befriedigt werden könnten."[12]

Solche starken Stimmungen (die man doch wohl nur etwas forciert als „gesunde Verstimmungen" bezeichnen kann) können bisweilen bekannte Ursachen und damit einen feststehenden Anfang haben: Trauer nach einem Todesfall, schlechte Laune nach einer Enttäuschung, und so weiter. Diese begründbaren Stimmungen unterscheiden sich von Emotionen nur durch ihre längere Dauer und durch ihre umfassendere Beeinflussung des gesamten Seelenlebens.

Häufiger sind Stimmungen aber scheinbar grundlos. Sei es, dass sie uns plötzlich anfallen, dass sie sich allmählich in uns ausbreiten oder dass wir — sogar gegen unseren Willen — in sie hineingeraten: wir wissen nicht, woher die Stimmung kommt, wir sind ihr hilflos ausgeliefert, wir erleben sie zwar als *unsere* Gestimmtheit, aber doch fast wie etwas Fremdes. Gerade in solchen unerklärlichen ausgeprägten Stimmungslagen erfahren wir die Macht der Stimmungen sehr deutlich. Die Freiheit unseres Denkens und

[12] BLEULER, a. a. O., S. 62.

Handelns ist eingeschränkt, denn wir vermögen nichts zu denken oder zu tun, was der augenblicklichen Stimmung zuwiderläuft, und wir sind nicht in der Lage, unsere Stimmung mit dem Willen zu beeinflussen.

Allerdings bemerken wir manchmal, dass die Unerklärlichkeit solcher Stimmungen doch nur eine scheinbare war: als Grund einer unerklärlichen Traurigkeit mag sich eine bisher unerkannte körperliche Krankheit herausstellen; eine unerklärliche Gereiztheit kann ihre Begründung in einer „vorausgefühlten" klimatischen Veränderung finden, und mancher wird schon erlebt haben, dass sich ein unerklärliches Glücksgefühl, eine beschwingte Heiterkeit, mit der er morgens erwachte, im Laufe des Tages als Folge eines fast vergessenen nächtlichen Traumes erwies.

Mit diesem letzten Beispiel weisen wir nochmals auf einen Zusammenhang hin, den wir bereits am Anfang dieses Kapitels erwähnten, ohne näher auf ihn eingehen zu können, dessen überragende Bedeutung für das gesamte Gefühlsleben aber doch wenigstens noch einmal erwähnt werden soll: unsere Affekte, Emotionen und Stimmungen entstehen nicht nur als verständliche Reaktionen auf unser bewusstes Erleben oder als Resultate äusserer Einflüsse auf unseren Organismus, sondern sie sind in demselben Masse auch von den *unbewussten* Vorgängen in unserer Seele her verursacht und gesteuert. Wollte man jedoch diese Behauptung näher begründen und belegen, dann müsste man eine Theorie des Unbewussten vortragen und würde sich damit allzu weit von jenen Grundlagen der Psychologie entfernen, die für das Verständnis der herkömmlichen Psychopathologie erforderlich sind. Wir müssen deswegen auf eine tiefenpsychologische Betrachtung der Affektivität verzichten und wenden uns stattdessen jetzt deren Störungen zu.

### Die Störungen der Affektivität

Auch hier bewährt sich wieder die Unterteilung in a) quantitative und b) qualitative Störungen der Affektivität, denen dann c) deren Regulationsstörungen hinzuzufügen sind.

## a) Quantitative Störungen der Affektivität

Natürlich gibt es nicht so etwas wie ein „normales Quantum"
an Gefühl. Wir haben schon erwähnt, dass verschiedenen Typen,
verschiedenen Lebensaltern und verschiedenen Kulturbereichen
jeweils verschiedene Gefühlsweisen eigen sind. Auch muss man
sich darüber im klaren sein, dass die Beurteilung der Affektivität
anderer Menschen immer in hohem Masse subjektiv, nämlich abhängig von der eigenen Affektivität des Beobachters ist.

Andererseits gibt es nicht wenige Menschen, die von sich aus
darüber klagen, dass sie zu wenig Gefühl hätten. Sehr häufig ist
ein solcher vermeintlicher Mangel an Gefühl jedoch nicht eine
echte quantitative Störung, sondern vielmehr eine von der Biographie und vom Unbewussten her bedingte, also neurotische
*Angst* vor dem Gefühl. Man muss bedenken, dass einerseits die
Entwicklung der Affektivität ein äusserst störbarer, empfindli-
cher Prozess ist, und dass andererseits unsere Kultur und ihre Er-
ziehungsmethoden die „Gefühlsbildung" und „Gefühlspflege"
weitgehend vernachlässigen zugunsten der Bildung und Pflege
des Verstandes − dann wundert es einen nicht, dass viele Menschen unseres Kulturkreises unbewusst das Gefühl entweder ver-
achten oder fürchten, mit der Folge, dass sie es weitgehend ver-
drängen. Was dann schliesslich als Mangel an Gefühl erscheint
und entweder von dem Menschen selbst oder von seinen Mitmenschen als beträchtliche Störung empfunden wird, ist also in Wirklichkeit ein Mangel an „Gefühlskultur", der zur Verdrängung des
Gefühls führte.

Die Frage, ob es daneben nicht auch einen konstitutionellen
(also durch die Erbmasse bedingten) Gefühlsmangel gäbe, ist umstritten. Es würde jedoch allzusehr einem therapeutischen Wunschdenken entsprechen, wenn man die Möglichkeit der Vererbung
seelischer Abnormitäten grundsätzlich verneinen würde; vielmehr
muss wohl leider die Wahrscheinlichkeit anerkannt werden, dass
es − analog zum ererbten Intelligenzmangel − auch einen ererbten Gefühlsmangel geben kann. Solche Menschen, bei denen von
der „Anlage" her zu wenig Gefühl vorhanden ist, werden von

Kurt Schneider als *„gemütlose Psychopathen"* bezeichnet[13] und von ihm charakterisiert als „Menschen ohne oder fast ohne Mitleid, Scham, Ehrgefühl, Reue, Gewissen." Das Adjektiv „gemütlos" dürfte wohl eine zu sichere Beurteilung dieser Menschen enthalten; aber dass es zumindest „gemütsarme" oder „gefühlsarme" Psychopathen im Sinne von Kurt Schneider gibt, werden viele Psychiater bestätigen.

Aber wieder muss unterstrichen werden, dass es keine festen Grenzen zwischen „noch normal" und „bereits pathologisch" gibt: in vielen Fällen wird es unmöglich sein zu entscheiden, ob ein Mensch nur ein kühler Denktyp oder bereits ein gefühlsarmer Psychopath sei.

Noch vorsichtiger als mit der Annahme von pathologischem Gefühlsmangel muss man mit der Vermutung eines pathologischen Gefühlsübermasses umgehen.

„Sensibel" nennt man in der Umgangssprache einen Menschen, der auf Erlebnisse oder Eindrücke rasch und stark gefühlsmässig reagiert; wenn diese „Sensibilität" so ausgeprägt ist, dass ihr Träger unter ihr leidet, mag man ihn als einen *„Überempfindlichen"* oder *„Hypersensiblen"* bezeichnen.

Ob allerdings die aussergewöhnlich starke Ansprechbarkeit des Gefühls als etwas Pathologisches anzusehen ist oder nicht, hängt von der übrigen Persönlichkeitsstruktur des Hypersensiblen ab: bei einem Marcel Proust kann sie wesentlicher Bestandteil von Genialität sein, während sie für ungezählte andere, die neben ihrer Hypersensibilität keine aussergewöhnlichen Qualitäten besitzen, nur Leid und Behinderung, also etwas Pathologisches, bedeutet.

Ähnlich verhält es sich mit dem Begriff *„Hyperthymie"*. Als „hyperthymisch" bezeichnet man in der Psychopathologie Menschen mit einem Übermass an gefühlsbedinger Aktivität, mit vorwiegend heiterer Grundstimmung und meistens etwas oberflächlicher Kontaktfreudigkeit. — Verglichen mit dem Durchschnitt der anderen Menschen haben sie „zu viel" Gefühl (und in enger Verbindung damit zu viel „Antrieb"); aber längst nicht immer

[13] K. Schneider, a.a.O., S. 27f.

sind sie deswegen als pathologische Persönlichkeiten anzusehen. Selbst KURT SCHNEIDER räumt ein, dass es neben den „aufgeregten", „gehetzten" Hyperthymikern, die „streitsüchtig" und „haltlos" sein können, auch „ausgeglichene" Hyperthymiker gibt, und es erscheint sehr fraglich, ob man auch diese Menschen als „hyperthymische Psychopathen" bezeichnen sollte[14]. Ein ausgeglichener Hyperthymiker leidet keineswegs unter seinem Gefühlsüberfluss und muss auch niemand anderem damit Leid zufügen; vielmehr wird er wohl die „Normalen" eher als fad und langweilig empfinden.

Einzig das Wort „*Sentimentalität*" stellt in der heutigen Umgangssprache einen eindeutig negativen Begriff zur Kennzeichnung eines Gefühlsübermasses dar. Chronisch sentimental sind Menschen, die dauernd ein Übermass von unecht wirkendem Gefühl zur Schau tragen. Sie lieben ihre eigene „Empfindsamkeit", sind „gefühlsselig" und äussern diese Seligkeit in mehr oder weniger kitschiger Form. Chronische Sentimentalität ist eine weniger harmlose Form der Gefühlsstörung als man oft meint: sie kann die Kehrseite oder die Maske erschreckender Brutalität sein. Vorübergehende sentimentale Anwandlungen dagegen dürften zum normalen Gefühlsleben aller Menschen gehören.

*b) Qualitative Störungen der Affektivität*

Während wir uns bei der Betrachtung der quantitativen Gefühlsstörungen meistens im Grenzgebiet zwischen dem Noch-Normalen und dem Schon-Pathologischen bewegten, haben wir es bei den folgenden Störungen mit eindeutig pathologischen Veränderungen der Art des Fühlens zu tun.

*1. Das depressive Syndrom*

Das Wort „Depression" ist aus der psychiatrischen Fachsprache in die Umgangssprache übernommen worden und ist hier nahezu zu einem Synonym von „Traurigkeit" geworden. Man darf vermuten, dass es zu diesem Wortraub durch den (unbewussten)

---

[14] Vgl. K. SCHNEIDER, a. a. O., S. 21.

Wunsch gekommen ist, aus der Traurigkeit, die ein zwar unangenehmer, aber doch unabdingbarer Bestandteil des „normalen" Gefühlslebens ist, etwas Pathologisches zu machen, also ein Phänomen, das es zu vermeiden gilt.

Dieses Wunschdenken wird die Psychopathologie nicht mitmachen, sondern sie wird betonen, dass die begründete und angemessene Emotion „Trauer" oder die nachfühlbare Stimmung „Traurigkeit" niemals etwas Krankhaftes sind, und sie wird ausserdem daran festhalten, dass das Fachwort „Depression" immer nur eine *pathologische* traurige Verstimmung bezeichnet.

Weiter stellt die Psychopathologie fest, dass eine krankhafte traurige Verstimmung (also: eine Depression) niemals als isolierte Gefühlsstörung auftritt, sondern dass sie immer auch andere seelische Teilfunktionen (und oft auch den Leib) des Menschen betrifft, so dass man besser daran tut, vom depressiven Syndrom zu sprechen als nur von der Depression.

Das Hauptsymptom des depressiven Syndroms ist zweifellos die traurige Verstimmung. In leichteren Fällen gleicht sie einigermassen dem, was auch der Gesunde als Traurigkeit, Niedergeschlagenheit, Verzweiflung erlebt. Wenn wir eine solche Verstimmung dennoch zu Recht als „Depression" bezeichnen können, dann nur deswegen, weil die Tiefe oder die Dauer der Verstimmung eindeutig in einem Missverhältnis zu deren Anlass stehen. So werden wir die traurigen Gefühlsveränderungen beim Tode eines geliebten Menschen niemals als „Depression" bezeichnen; wohl aber werden wir von einer Depression sprechen, wenn sich dieselben Affekte, Emotionen und Verstimmungen anlässlich des Verlustes eines minimalen Geldbetrages einstellen.

Oder wir werden uns hüten, das Heimweh eines Menschen nach seiner früheren vertrauten Umgebung grundsätzlich als „depressiv" zu bezeichnen, während wir doch von einer „Umzugs-Depression" sprechen, wenn ein anderer durch den von ihm selbst erwünschten Wohnungswechsel in eine wochenlang anhaltende Verzweiflung gerät, die ihn in die Nähe des Selbstmordes bringt.

Leichte Fälle von Depression können also hinsichtlich der Verstimmung der normalen Traurigkeit ähnlich sein, unterscheiden sich aber von ihr durch das nicht nachfühlbare Verhältnis zwischen Anlass und Ausmass der Traurigkeit.

Bei schweren Fällen von Depression ist die bestehende traurige Verstimmung überhaupt nicht nachfühlbar. Hier wird die Berechtigung, die Depression als *qualitative* Gefühlsstörung zu bezeichnen, erst wirklich deutlich: der schwer Depressive ist nicht (quantitativ) *trauriger* als der normal Traurige, sondern er ist (qualitativ) *anders* traurig. Traurige Affekte und Emotionen kennt er nicht mehr, irgendwelche anders getönten schon gar nicht, sondern sein gesamtes Gefühlsleben ist erstarrt in der eintönigen Stimmung absoluter Hoffnungslosigkeit, Sinnlosigkeit, Schuldverfallenheit und Untröstlichkeit.

Schwer Depressive berichten manchmal, dass sie überhaupt nicht traurig sein könnten, weil sie gar kein Gefühl mehr hätten; sie seien nur gänzlich leer und des Lebens überdrüssig, und sie wüssten genau, dass es niemals mehr anders werden würde.

Es ist bezeichnend für das gänzlich uneinfühlbare Wesen der tiefen Depression, dass ihre schwersten Formen gerade bei jener Krankheit vorkommen, bei der man in der Lebensgeschichte des Patienten überhaupt keine Ursachen für die Verstimmung findet, nämlich bei der sogenannten *endogenen Depression* (für die man den Namen „*Melancholie*" reserviert hat). Schon dieser Umstand weist darauf hin, dass die schwere depressive Verstimmung aus anderen (noch unbekannten) Quellen stammt, als die Traurigkeit des seelisch Gesunden.

Wir sagten, dass das Hauptsymptom des depressiven Syndroms die traurige Verstimmung sei. Ein anderes Symptom aus dem Bereich der Affektivität gesellt sich häufig hinzu: es ist *die Angst.* Und zwar ist die Angst des Depressiven wohl zunächst immer eine gegenstandslose Stimmung, also nicht: Furcht vor etwas Bestimmtem, nicht angstvoller Affekt als Reaktion auf eine erkennbare Bedrohung, sondern „frei flottierende Angst". (Das heisst: frei schwebende Angst und soll zum Ausdruck bringen, dass der Patient selbst weiss, dass kein Grund zur Furcht besteht, und dass er dennoch von Angst gepeinigt wird.) Gerade diese frei flottierende Angst ist es, die bei vielen schwer Depressiven zu einem weiteren Symptom führt, dem wir

uns später zuwenden werden, nämlich zur Bildung von Wahnideen.

Zuvor müssen wir aber zwei andere Symptome erwähnen, die
mit grösserer Regelmässigkeit beim depressiven Syndrom anzutreffen sind: Störungen des Antriebes und formale Denkstörungen. Unter *Antrieb* verstehen wir ein hypothetisches dem Menschen zur Verfügung stehendes Energie-Potential, das in sich
selbst ungerichtet, aber lenkbar ist, und das die eigentliche Kraft-
quelle für sämtliche psychischen und körperlichen Leistungen
darstellt[15]. Der Begriff stellt insofern nur eine Arbeitshypothese
dar, als der Antrieb keine messbare physikalische Grösse ist, die
man direkt nachweisen kann. Man stellt nur bei der Beobachtung
des Verhaltens der Menschen fest, dass sie offenbar von ihrer Anlage her verschieden viel „Antrieb" besitzen, und dass die ihnen
jeweils zur bewussten Verfügung stehende Antriebsmenge starken
Schwankungen unterworfen ist. Und zwar wirken sich sowohl die
körperliche als auch die seelische Verfassung — innerhalb des von
der Anlage her gegebenen Rahmens — steigernd oder schwächend
auf den Antrieb aus.

Im depressiven Syndrom ist der *Antrieb* in den meisten Fällen
deutlich *herabgesetzt*. Wieder ist der Zustand in leichten Fällen
nachfühlbar: auch der „normale" Traurige ist lahm, müde, ohne
Unternehmungslust, ohne Initiative, ohne Anteilnahme. Alles
fällt ihm schwer, alles geht langsam, nichts traut er sich zu. Wie
gesagt: diese Form von Antriebsmangel, die man auch als „Hemmung" bezeichnet, kennt jeder Traurige, ja schon der schlecht
Gelaunte. Aber in schweren Fällen der Depression kommt es zum
völligen Verlöschen des Antriebs: die Patienten bewegen sich
buchstäblich nicht mehr von der Stelle, sie lassen unter sich, fliehen nicht vor Gefahren und würden, wenn man sie sich selbst
überliesse, verdursten oder verhungern. Wir bezeichnen diesen
Zustand dann nicht mehr als „depressive Hemmung", sondern als
„*depressiven Stupor*".

JASPERS definiert: „ ,Stupor' nennen wir solche Zustände, in
denen die Kranken bei motorischer Ruhe, ohne ein Wort zu spre-

[15] Vgl. K. W. BASH, a. a. O., S. 30 ff.

chen, und ohne ein verständliches Zeichen seelischer Vorgänge von sich zu geben, auf jeden Versuch, mit ihnen in Beziehung zu treten, reaktionslos bleiben."[16] (Man beachte, dass der stuporöse Zustand auch bei ganz anderen Krankheiten als bei der schweren Depression auftreten kann, so z. B. bei der katatonen Schizophrenie oder als „psychogener Ausnahmezustand".)

Wie gesagt: stuporös-depressive Patienten würden, sich selbst überlassen, sterben, und man muss annehmen, dass der Todeswunsch wohl das einzige „Gefühl" ist, das sie noch erfüllt; gleichzeitig ist aber der totale Antriebsverlust meistens ein Schutz vor dem aktiven Selbstmord. Hieraus ergibt sich, dass depressive Patienten dann besonders stark suizidgefährdet sind, wenn sie aus der Depression wieder auftauchen: mit dem erstarkenden Antrieb steigt auch die Möglichkeit, die Suizid-Impulse zu verwirklichen.

Es gibt aber auch zahlreiche depressive Patienten, bei denen der Antrieb nicht vermindert, sondern sogar gesteigert ist. Die bei ihnen vorliegende Form ist dann nicht die übliche „gehemmte", sondern die „agitierte", das heisst „angetriebene" oder „erregte" Depression.

Bei solchen Patienten liegt dieselbe Art der depressiven Verstimmung vor wie bei den Gehemmt-Depressiven, aber zu gleicher Zeit scheint die Angst so starke Affekte und Emotionen in ihnen auszulösen, dass sie rastlos umhergetrieben werden, sich an jeden Vorübergehenden anklammern, ständig voller Angst von einer drohenden aber unbestimmten Gefahr reden, um Hilfe flehen, nach einer „Dauernarkose" oder sogar nach dem „Gnadentod" verlangen. Wie entsetzlich ihre Qual sein muss, kann man sich andeutungsweise vorstellen, wenn man miterlebt, welche gefühlsmässige Belastung sie nur schon für ihre Mitpatienten und besonders für diejenigen darstellen, die sie zu pflegen oder zu behandeln haben. Von den Symptomen, die das depressive Syndrom ausmachen, haben wir jetzt die depressive Verstimmung und die Störungen des Antriebs besprochen. Regelmässig mitbetroffen ist auch das *Denken*, und zwar vor allem in seinem for-

[16] JASPERS, a. a. O., S. 503.

malen Aspekt. Das Denken des depressiven Menschen ist immer verlangsamt, verarmt und eingeengt.

Die *Verlangsamung* des Gedankenablaufs, die der Depressive selbst als bedrückend erlebt, die sich aber auch objektiv in seinem langsamen (und leisen) Sprechen bemerkbar macht, kann als unmittelbare Folge der Antriebsverminderung angesehen werden. Anders ist es mit der *„Verarmung"* des Denkens: sie beruht vor allem auf einem mehr oder weniger vollständigen Versiegen der Assoziationen (siehe S. 78ff.) und ist unabhängig von der Antriebslage, denn auch das Denken des agitierten Depressiven ist „verarmt", auch ihm fällt nichts ein, auch sein Gedankenfluss ist gestaut.

Mit der *Einengung* des Denkens ist nicht genau dasselbe wie mit der Verarmung gemeint. Auf dem stark eingeengten Sektor der traurigen, verzweifelten, ängstlichen Gedanken nämlich, auf dem der Depressive sich noch denkend bewegen kann, ist sein Denken manchmal gar nicht verarmt, sondern zeigt eine beträchtliche Fülle neuer depressiver Assoziationen, ja bisweilen sogar so etwas wie ein depressives „Gedankendrängen".

So wundert es einen schliesslich nicht, wenn man in vielen Fällen von schwerer („endogener") Depression auch inhaltliche Denkstörungen, nämlich *Wahnideen* findet.

Man gewinnt im Umgang mit schwer Depressiven bisweilen den Eindruck, als ob die Entstehung von Wahnideen fast etwas Erleichterndes für die Patienten hätte. Wird doch durch den depressiven Wahn wenigstens einem Bedürfnis dieser gequälten Menschen Genüge getan, das auch bei ihnen noch besteht, nämlich ihrem „Kausalitätsbedürfnis", das heisst: dem allgemein menschlichen Wunsch, für jede geschehene Veränderung einen *Grund* zu wissen. Wochenlang bestehende Melancholie, vor allem aber wochenlang bestehende Angst sind sicher umso entsetzlicher, je grundloser sie erlebt werden. Die Begründung, dass er „krank" sei, dass er z.B. an der Krankheit „endogene Depression" leide, nimmt der Patient zwar intellektuell zur Kenntnis, aber sie sagt ihm nichts, sie hat für ihn nicht den Wert einer Erklärung seines Zustandes.

Eine solche „verstehende" Interpretation des Zustandekom-

140

mens des depressiven Wahnes scheint mindestens deswegen erlaubt, weil sie durch die Inhalte der depressiven Wahnbildungen bestätigt wird. Inhaltlich finden wir fast ausschliesslich drei Bereiche, in denen sich depressiver Wahn bildet: den Bereich des Gewissens (Schuld- oder Versündigungswahn), den Bereich der Gesundheit (Krankheitswahn) und den des Vermögens (Verarmungswahn)[17]. Andere Wahninhalte als diese drei kommen praktisch nicht vor (z. B. kein Verfolgungswahn, kein Liebeswahn, natürlich kein Grössenwahn usw.), und gerade diese drei sind besonders geeignet, eine sonst unerklärliche Melancholie und Angst „zu begründen".

Unsere Beschreibung des depressiven Syndroms umfasst bisher Störungen im Bereich dreier psychischer Teilfunktionen: Affektivität, Antrieb und Denken. Eine sehr wichtige Gruppe von Symptomen kommt noch hinzu, die wieder für die „endogene" Depression besonders typisch, aber auch bei anderen Depressionsformen gelegentlich anzutreffen ist: es sind die sogenannten körperlichen Begleitsymptome der Depression.

Wieder ist es von der „normalen" Traurigkeit her jedem geläufig, dass der Leib nicht nur in seiner Psycho-Motorik die Traurigkeit anzeigt, sondern dass er selbst gewissermassen mittrauert. In der Depression ist die Mitbeteiligung des Leibes noch erheblich verstärkt.

Bereits der besprochene Antriebsmangel muss sich natürlich in allgemeiner körperlicher Schlaffheit und Entkräftigung bemerkbar machen, weil ja „Antrieb" definitionsgemäss psychische *und* physische „Energie" darstellt. Auch haben wir indirekt schon erwähnt, dass die (im nächsten Kapitel näher zu besprechenden) Triebe in der Depression schwer beeinträchtigt werden: so kann der Selbsterhaltungstrieb erlöschen und in sein Gegenteil, den „Todestrieb", umschlagen. — Der Sexualtrieb ist schon in der Traurigkeit stark abgeschwächt; in der Depression ist er oft völlig erloschen.

Aber auch die „totalen Leibgefühle" (siehe Seite 124) sind natürlich ganz ins Negative gerückt: der Leib als ganzer fühlt sich

[17] Vgl. BLEULER, a. a. O., S. 48 und S. 433.

krank, elend, schwach, hinfällig, kaputt an. — KURT SCHNEIDER nennt wegen des völligen Darniederliegens der „Vitalgefühle" die endogene Depression „*vitale Depression*" und spricht vom „vitalen Charakter der Verstimmung" bei der endogenen Depression[18].

G. E. STÖRRING schreibt sogar: „Aufgrund systematischer, inzwischen über 30 Jahre durchgeführter Explorationen von phasischen (= endogenen", Anm. d. Verf.) Depressionen ergaben sich als konstanteste Symptome: Störungen des Trieb-Antriebs-Erlebens und der Leibgefühle und eine veränderte Lust-Unlust-Tönung des Erlebens. Sie stellen das Achsensyndrom dar. Depression und Angst erwiesen sich dagegen meist als sekundäre Phänomene, wenn auch als sehr unmittelbare Reaktionen auf das erlebte vitalenergetische Achsensyndrom."[19]

Man sieht: manche Psychiater erblicken in der „vitalen" *körperlich* erlebten Beeinträchtigung nicht nur „Begleitsymptome", sondern sogar den Hauptaspekt der Krankheit „endogene Depression".

Auf jeden Fall finden sich zahlreiche körperliche Symptome in den meisten Fällen von endogener Depression. Schlaflosigkeit, Appetitlosigkeit, Verdauungsstörungen, Unregelmässigkeiten der Menstruation, aber auch Schmerzen oder Missempfindungen im Kopf, in der Herz- oder Magengegend, in den Gliedmassen oder in einzelnen Organen sind häufig anzutreffen.

Bisweilen gehen diese körperlichen Symptome der eigentlichen Depression um lange Zeit voraus, ja manchmal beherrschen sie so sehr das Krankheitsbild, dass die seelischen Symptome hinter ihnen nahezu verschwinden; man bezeichnet solche Depressionen, die sich nur (oder fast nur) körperlich manifestieren, als „larvierte Depressionen", oder auch als „depressio sine depressione". d.h. „Depression ohne Traurigkeit". Wir wollen damit unseren Überblick über das depressive Syndrom beenden und nur noch hinzufügen, dass dieses Syndrom im Rahmen recht verschiedener Krankheiten auftreten kann. So bei der schon mehr-

[18] K. SCHNEIDER, a. a. O., S. 137 f.
[19] G. E. STÖRRING, Zyklothymie, Emotionspsychosen, Schizophrenie; in Schizophrenie und Zyklothymie, Ergebnisse und Probleme, hrsg. von GERD HUBER, Stuttgart 1969, S. 69.

fach erwähnten „endogenen Depression" (auch „Zyklothymie"
oder „manisch-depressive Psychose" genannt); die Ursache dieser
Erkrankung ist noch unbekannt, sicher ist nur, dass Erbfaktoren
für ihr Zustandekommen eine Rolle spielen können. Aber auch
organische Krankheiten können ein depressives Syndrom verursachen; es kann auf dem Boden einer Schizophrenie auftreten
oder kann eine „abnorme psychogene Reaktion" darstellen; endlich kann auch eine Neurose eine „neurotische Depression" zur
Folge haben.

### 2. Das manische Syndrom

Beim manischen Syndrom haben wir in vieler Hinsicht das Gegen-
bild zum depressiven Syndrom vor uns. Die *Stimmung* ist abnorm lustig, der *Antrieb* abnorm gesteigert, das *Denken* ist
„ideenflüchtig", d.h. abnorm beschleunigt und einfallsreich.

Während jedoch beim depressiven Syndrom die Gefahr der
Verwechslung mit „normaler" Traurigkeit naheliegt, ist das ausgeprägte manische Syndrom als Ganzes so deutlich „abnorm",
dass der manische Mensch seiner Umgebung fast immer als krank
auffällt.

Schon bei leichten Ausprägungen des manischen Syndroms
(die in der Psychiatrie als „submanisch" oder „hypoman" bezeichnet werden) hat die *„Euphorie"* der Patienten, d.h. ihre
unbegründete, flache und kritiklose Lustigkeit etwas Unnatürli-
ches, Übertriebenes, Leeres an sich. Auch die aus dem gesteiger-
ten Antrieb resultierende Unternehmungslust der Hypomani-
schen wirkt mehr exaltiert und krankhaft als wirklich schwung-
voll. Vollends ihr ständig witzelnder Redefluss ist nur eine kurze
Zeit lang erheiternd und „ansteckend"; durch sein ununterbrech-
bares, stundenlanges Anhalten wirkt er schliesslich quälend und
gequält.

In der voll ausgeprägten Manie sind diese Züge ins Extreme gesteigert. – Die euphorische Stimmung ist gänzlich überbordend,
grell, aufdringlich. Dass diese krankhafte, derbe Lustigkeit nichts
mit „Frohmut" oder gar „Heiterkeit" zu tun hat, geht oft genug
daraus hervor, dass sie plötzlich in aggressive Gereiztheit, wüste

Pöbelei oder Zerstörungswut umschlagen kann, wobei es ein Glück für die Angehörigen, die Mitpatienten oder die Pflegenden ist, dass diese Zerstörungswut sich weit häufiger gegen Sachen als gegen Menschen richtet.

Die *Antriebssteigerung* zwingt den Manischen zu rastloser motorischer Betriebsamkeit: er muss herumlaufen, singen, gröhlen, tanzen, hüpfen, das Zimmer umräumen, Gymnastik oder Dauerläufe machen, eine Polonaise in Gang bringen, Briefe schreiben, telephonieren, telegraphieren, Radio hören, fernsehen, die Fenster putzen, Bilder malen, ein Kostümfest vorbereiten, einen Kuchen backen, seine Haare waschen — und das alles am liebsten zu gleicher Zeit, unter Einbeziehung aller erreichbaren Personen, ständig Possen reissend, Witze erzählend oder erfindend, singend, lachend, schulterklopfend.

An seinen sprachlichen Äusserungen fällt jedem Zuhörer sofort die „Ideenflucht" auf, die wir bei den formalen Denkstörungen bereits beschrieben haben (siehe S. 96 ff.). So wie tausend Handlungen begonnen werden und kaum eine einzige zu Ende geführt wird, so werden auch tausend Einfälle und Gedankenfragmente assoziiert, ohne dass irgendein Gedanke zu Ende gedacht würde.

Zwar ist das Bewusstsein vollkommen klar, und die Wahrnehmung der Umgebung ist oft sogar ausserordentlich scharf und präzise; zwar sind die sprudelnden Einfälle und ihre verblüffend banalen Verknüpfungen oft wirklich witzig, und einzelne „Gedankenblitze" können durchaus faszinierend sein; zwar wirkt das ideenflüchtige Denken des Manischen (weil es immerhin noch Zusammenhänge erkennen lässt) bei weitem nicht so erschreckend und beunruhigend wie das „zerfahrene" Denken des Schizophrenen — und doch erscheint der Manische als durchaus krank, als „uneinfühlbar", als „psychotisch".

Vom Manischen her gesehen ist vermutlich dies, dass die anderen Menschen ihn als krank ansehen, das einzig Quälende an seinem Zustand. Er selbst nämlich findet sich „endlich normal", er geniesst seine rosige Laune, fühlt sich im Vollbesitz seiner Kräfte, bewundert seine eigene Denkfähigkeit und findet die andern prüde, wenn sie vor seiner Enthemmtheit zurückschrecken.

So scheint es manchmal fast verständlich, wenn seine Lustigkeit angesichts des „Unverständnisses" seiner Mitmenschen in Zorn und Aggressivität umschlägt, und zweifellos gehört es zu den unangenehmen Aufgaben des Psychiaters, einen Manischen durch starke dämpfende Medikamente „zur Ruhe" zu bringen. Anderseits ist es klar, dass man schwer Manische auch gegen ihren Willen in die psychiatrische Klinik bringen muss, weil sie, sich selbst überlassen, auch ein sehr grosses Vermögen oder einen sehr guten Leumund in kürzerster Zeit ruinieren würden; innerhalb der Klinik aber stellen sie, wenn sie nicht „gedämpft" werden, eine unerträgliche Belastung für ihre Mitpatienten (und in zweiter Linie auch für die Pflegenden) dar.

Im Unterschied zu den zahlreichen körperlichen Begleitsymptomen, die wir beim depressiven Syndrom zu erwähnen hatten, bringt der manische Zustand nur eine, allerdings oft erstaunliche körperliche Veränderung mit sich: eine enorme Steigerung der körperlichen Kräfte, die fast unerschöpflich scheinen, bei gleichzeitigem fast völligen Erlöschen des Schlafbedürfnisses. Schwer manische „tobsüchtige" Patienten könnten sich sogar, z.B. ältere Menschen mit Herzschwäche, zu Tode toben, wenn man sie nicht mit (chemischer) Gewalt daran hindern würde.

*Blick auf die Psychiatrie*

Während das depressive Syndrom, auch in seiner schweren Form, bei allen möglichen Erkrankungen auftreten kann (siehe Seite 142 f.), kommt ein länger anhaltender und deutlich ausgeprägter manischer Zustand praktisch nur im Rahmen der (endogenen) manisch-depressiven Psychose vor. Leichte, meist kurz dauernde „maniforme" Zustände können Folge von Intoxikationen sein (z.B. Alkoholrausch) oder − selten − im Zusammenhang mit anderen körperlichen Erkrankungen auftreten.

*c) Regulationsstörungen der Affektivität*

Zweifellos bestehen beträchtliche individuelle Unterschiede hinsichtlich der „Regulation" der Gefühlsabläufe. Affektive Ansprechbarkeit, Tiefe und Dauer der emotionalen Beteiligung,

Häufigkeit und Tempo des Wechsels der Grundstimmung: das alles ist von Mensch zu Mensch verschieden und macht einen grossen Teil seines „Temperamentes" aus.

In der (ersten) „Trotzphase" des Kindes (etwa 3. bis 4. Lebensjahr) sowie in der Pubertätszeit sind ausserordentlich heftig einschiessende Affekte bzw. abrupte Schwankungen der Grundstimmung etwas durchaus Normales und entwicklungspsychologisch Verständliches.

Beim Erwachsenen hingegen sind wir gewohnt, trotz aller indivuellen Unterschiede des Temperamentes doch eine mittlere Schwankungsbreite der Gefühlsbewegungen und einen „normalen" Regulationsvorgang stillschweigend vorauszusetzen, so dass wir die pathologischen Regulationsstörungen der Affektivität meist unschwer erkennen.

Von „*Stimmungslabilität*" spricht man in der Psychopathologie, wenn die Grundstimmung eines Menschen auf unbedeutende Anlässe hin abnorm rasch und heftig wechselt, ohne dass regulierende Übergänge erkennbar wären. Als vorübergehenden Zustand kennen die meisten Menschen diese Störung aus Zeiten grosser körperlicher oder seelischer Erschöpfung.

Eine Steigerung der Stimmungslabilität ist die „*Affektinkontinenz*": eine Grundstimmung ist hier kaum noch zu erkennen, sondern das Gefühlsleben wird beherrscht von heftigen und kaum begründeten plötzlich einschiessenden Affekten, ohne dass man eine tiefere emotionale Beteiligung erkennen könnte. Lachen, Weinen, Angst, Wut, Schreck, Verzweiflung: die Affekte brechen ungesteuert, ohne jede Regulation und fast ohne Beziehung zur realen Situation aus dem Menschen hervor. Es ist klar, dass ein solcher Zustand auf den Beobachter in hohem Grade pathologisch wirkt.

*Blick auf die Psychiatrie*

Stimmungslabilität kann, wie gesagt, ein Begleitsymptom psycho-physischer Erschöpfungszustände sein: möglicherweise kommt sie als Dauerzustand auch als ererbte abnorme Persönlichkeitsstruktur vor. („Stimmungslabile" und „explosible" Psychopathen im Sinne von K. SCHNEIDER.) Stimmungslabilität kann aber auch ein erstes Anzeichen einer hirnorganisch bedingten Wesensänderung sein. — Affektinkontinenz ist vor allem bei Hirngeschädigten zu beobachten; seltener erlebt man sie bei Schizophrenen oder bei manischen Patienten.

# VII. Triebe, Instinkte, Reflexe, „Wollen" und deren Störungen

Hier betreten wir ein in vieler Hinsicht schwieriges und unbefriedigendes Kapitel.

Was die Psychologie angeht, so besteht einerseits kein Zweifel, dass das, was man gemeinhin als „Trieb" bezeichnet, eine ausserordentlich grosse Rolle für das seelische wie für das körperliche Leben spielt. Anderseits sind wenige Begriffe in der neueren Psychologie so umstritten und so uneinheitlich definiert wie gerade der Begriff „Trieb".

Was die Psychopathologie angeht, steht es nicht viel besser. Auf der einen Seite steht der Anspruch der FREUDschen Psychoanalyse, die sämtliche psychischen Störungen, soweit sie nicht durch organische Krankheiten bedingt sind, auf Triebkonflikte zurückführen möchte, auf der anderen Seite fällt die relative Dürftigkeit der Kapitel über Triebstörungen in den „klassischen" Lehrbüchern der Psychopathologie und Psychiatrie auf.

Wir wollen uns in unserem psychologischen Teil darauf beschränken, die wichtigsten Begriffe zu erläutern, die heute als Bausteine einer allgemein akzeptablen Triebpsychologie angesehen werden können. Auf die Triebpsychologie selber, wie sie teils in den Ergebnissen der vergleichenden Verhaltensforschung, teils in der Lehre von FREUD und seinen Schülern vor uns liegt, werden wir nicht ausführlich eingehen, weil wir sowohl die Verhaltensforschung als auch die Tiefenpsychologie in diesem Buch weitgehend ausklammern.

Ebenso werden wir auch im psychopathologischen Teil den engen Rahmen der herkömmlichen Triebpathologie nicht sprengen, weil eine Erweiterung dieses Rahmens in zwar fruchtbares, aber unabsehbares und wohl auch noch nicht genügend gesichertes Neuland führen würde. Hier wären vor allem Hinweise auf die „Triebpathologie" von SZONDI[1] am Platze, die wir uns aber versagen werden.

[1] L. SZONDI, Triebpathologie, Bern/Stuttgart 1952.

## Triebe, Instinkte, Reflexe, Wollen

### 1. Triebe

Es ist sinnvoll, den Begriff „Trieb" nicht von vornherein allzusehr zu spezifizieren, sondern sich zunächst klarzumachen,
„was gemeinhin unter diesem Wort verstanden ist: nämlich *Nötigung* zu gewissen Tätigkeiten", wie es C. G. Jung ausdrückt[2].
  Der Trieb selbst ist also noch keine Tätigkeit, nichts Körperliches, sondern nur „Nötigung", das heisst: ein seelisches Erleben,
das erst zu einer Tätigkeit hindrängt. Wir können auch sagen:
im Trieb wird etwas Drängendes oder ein „Drang" erlebt.
  Solange ein Trieb nicht erlebt wird, ist er für die Bewusstseins-
psychologie nicht erkennbar vorhanden; er besteht dann nur als
latente Möglichkeit. Diese latente Trieb*bereitschaft* ist zweifellos
etwas Angeborenes, Ererbtes, im Organismus Verankertes.
  Die Tiefenpsychologie belehrt uns darüber, dass gerade die la-
tenten bzw. die „unbewussten" Triebkräfte für das seelische Leben eine hervorragende Rolle spielen, und zweifellos ist diese Erkenntnis gerade für die Psychopathologie von allergrösster Bedeutung; aber da wir uns hier auf die Bewusstseinspsychologie
beschränken, beschränken wir uns auch auf die Feststellung, dass
ein (bewusstes) Trieberlebnis dann vorliegt, wenn ein zielgerichteter Drang erfahren wird.
  Unter *Drang* wollen wir einen Zustand unbestimmter Geladen-
heit, einen Zustand der Beunruhigung, der Unbefriedigung verstehen, der zwar „irgendwie" nach Entspannung, nach Beruhi-
gung, nach Befriedigung verlangt, der aber Richtung und Ziel
noch nicht enthält. Der Drang drängt, ohne zu wissen, wohin.
Viele Menschen kennen solche „Drangzustände", in denen sie
unruhig, „kribbelig", gespannt sind, ohne zu wissen, was sie wollen, was ihnen „fehlt".
  In dem Begriff „Drang", mit dem wir also die Dynamik des
Trieberlebnisses bezeichnen wollen, berühren wir bereits zwei
andere psychische Teilbereiche, die offensichtlich eng mit dem

[2] C. G. Jung, Ges. Werke, Bd. VI, S. 523.

Trieb verbunden sind: einmal den Bereich der Affektivität, denn „Drang" hat mit Unlust und Unruhe zu tun (siehe Seite 124), zum andern den Bereich des „Antriebs", denn wir hatten „Antrieb" definiert als „ein hypothetisches, dem Menschen zur Verfügung stehendes Energiepotential" (siehe Seite 138), aus dem erst alle Dynamik entsteht.

Woher aber entstehen das Gefühl der Unlust und die unbestimmte „Nötigung", diesem ein Ende zu setzen, welche zusammen den „Drang" ausmachen? Sie entstehen vor allem daraus, dass im Organismus ein ungedeckter *„Bedarf"* besteht, der als *„Bedürfnis"* erlebt wird.

Wenn wir von „Bedarf des Organismus" sprechen, verlassen wir offensichtlich das Terrain der Psychologie und wenden uns physiologischen Phänomenen zu. Das muss so sein, denn der Trieb selbst ist zwar etwas Psychisches, aber seine Ursprünge liegen zumeist im Organischen – eben in Mangelzuständen des Körpers, die dann seelisch registriert werden.

Unser Körper bedarf der Erfüllung vielfältiger Bedingungen, um funktionstüchtig zu sein: vollwertige Ernährung, angemessene Temperatur, Sauerstoff, Schlaf, Bewegung und vieles andere mehr. Ist irgendeine dieser Bedingungen nicht erfüllt, und kann der daraus entstehende Bedarf nicht vom Körper selbsttätig gedeckt werden (was oft der Fall ist), so wird der körperliche Bedarf seelisch als *Bedürfnis* erlebt, und dieses Erlebnis versetzt uns in dranghafte Unruhe.

Drang entsteht also dadurch, dass ein körperlicher Mangelzustand (= Bedarf) als Bedürfnis zum Bewusstsein kommt, und zwar zunächst noch als unlustbetonte aber ungerichtete „Bedürfnis-Spannung".

Wenn die Bedürfnis-Spannung zu einem bestimmten *Verlangen* wird, dann erhält der Drang ein *Ziel*, nämlich das Ziel, dieses Verlangen zu befriedigen, und dann können wir vom Erlebnis eines Triebes sprechen.

In diesem Sinne kann man definieren: *ein Trieb ist das Erlebnis eines zielgerichteten Dranges.*

Machen wir uns nochmals klar, was diese Definition beinhaltet: sie versteht den Trieb als ein zum Bewusstsein kommendes *seeli-*

*sches* Phänomen, das Affektivität und Antrieb umfasst, das aus Körperlichem herrührt und wieder auf Körperliches hinzielt; der Trieb ist also in besonderer Weise geeignet, das Ineinander-Verflochtensein von Leib und Seele darzutun. Die ererbten Anteile der Triebe sind für diese Auffassung nur die zugrunde liegenden Bedürfnisse und die aus ihnen resultierenden, latent stets vorhandenen *Triebbereitschaften*. Sie sind bei allen Menschen im Prinzip gleich und erlauben nur in ganz geringem Umfang individuelle Abweichungen. Individuell bestimmt, variabel und beeinflussbar sind hingegen die Trieb*erlebnisse* und vor allem die Art und Weise, wie der einzelne auf seine Trieberlebnisse reagiert.

Das bisher Gesagte gilt allerdings nur für jene Triebe ganz eindeutig, die in der Psychologie als „vitale" oder „primäre" Triebe angesehen werden.

Daneben werden noch andere Triebgruppen aufgeführt, die längst nicht so eng mit dem Körper verknüpft sind, die aber gleichwohl die Bezeichnung „Triebe" verdienen.

Wir wenden uns damit der Tatsache zu, dass es eine Mehrzahl von Trieben gibt und stehen damit zugleich vor der Notwendigkeit einer *Einteilung der Triebe*.

Hier geraten wir, wenn wir auf die psychologische Literatur blicken, in einen Dschungel äusserst widersprüchlicher und verwirrender Vorschläge. Manche Psychologen (wie z.B. Peter R. Hofstätter) empfehlen, in bezug auf den Menschen „den Triebbegriff möglichst zu vermeiden"[3]. Andere nehmen (wie etwa Alfred Adler) einen einzigen Grundtrieb (nämlich den Machttrieb) an, oder man hält doch (wie in der Psychoanalyse) wenigstens zwei Gruppen von Grundtrieben für gegeben, nämlich die Selbsterhaltungs (= Ich)-triebe und die Sexualtriebe; bzw. die „Libido" und den „Todestrieb"; andere Psychologen stellen Listen von zwanzig oder mehr Trieben bzw. „Motivationen" auf, und zwar gemäss recht verschiedenen Einteilungskriterien.

Nahezu uneingeschränkte Anerkennung finden die schon genannten „*vitalen Triebe*". Das sind jene, die auf lebensnotwendige Bedürfnisse zurückgehen, und die deswegen auch als „Selbsterhaltungstriebe" zusammengefasst werden können.

[3] Hofstätter, a.a.O., S. 61.

Es ist sinnlos, die Anzahl der vitalen Triebe festlegen zu wollen, oder auch nur sie im einzelnen zu benennen. Zweckmässiger ist es, die lebensnotwendigen Bedürfnisse aufzuzählen und zu sagen: die Triebe, die der Befriedigung dieser Bedürfnisse dienen, sind vitale Triebe.

Diese Bedürfnisse sind: der Durst, der Hunger, der Schlaf, das Sauerstoffbedürfnis[4]. Das besondere an diesen Bedürfnissen ist, dass ihre Befriedigung jeweils nur für begrenzte Zeit aufgeschoben werden kann; andernfalls tritt der Tod ein. Wir dürfen deswegen annehmen, dass die aus diesen Bedürfnissen hervorgehenden Triebe besonders mächtig sind, werden aber auf die Frage der „Rangordnung" der Triebe später eingehen.

Zu den vitalen Trieben, die unmittelbar auf lebensnotwendige Bedürfnisse zurückgehen, kommen andere hinzu, die ebenfalls aus sehr starken Bedürfnissen resultieren, deren Befriedigung aber nicht lebensnotwendig ist. Man kann sie „funktionale Triebe" oder „*Funktionstriebe*" nennen[5]. Von funktionstüchtigen Organen wie auch von manchen erworbenen Fähigkeiten geht ein Bedürfnis aus, sie zu betätigen. So kann man von einem „*Bewegungstrieb*" sprechen, von einem „*Spieltrieb*" oder auch von einem „Kampf"- bzw. „*Aggressionstrieb*". Es scheint sogar sinnvoll, selbst den „*Geschlechtstrieb*" hier einzuordnen, denn er entspringt zweifellos aus dem Bedürfnis, die Geschlechtsorgane zu betätigen.

Hier wird man aber vielleicht Einwände erheben und geltend machen, dass doch der Geschlechtstrieb viel besser dadurch gekennzeichnet werde, dass man sein *Ziel*, nämlich die Fortpflanzung, zu seinem Kriterium mache. Das ist zugleich falsch und richtig.

Falsch ist die Annahme, dass der objektiv erkennbare Zweck eines Triebes zum subjektiven Trieberlebnis dazugehöre. So wird als Ziel des Geschlechtstriebes nicht die Fortpflanzung angestrebt, sondern die Betätigung der Geschlechtsorgane und der daraus entstehende Orgasmus. Darum kann man das dem Ge-

---

[4] Vgl. DELAY, PICHOT, a.a.O., S. 70ff.
[5] Vgl. ROHRACHER, a.a.O., S. 439f.

schlechtstrieb zugrunde liegende Bedürfnis auch nur als ein „Funktionsbedürfnis" ansehen.

Das gilt, streng genommen, auch für die vitalen Triebe. Erlebt werden nur die ihnen zugrunde liegenden Bedürfnisse, nicht ihre Zwecke. Der Durstige trinkt, weil er Durst hat, nicht weil er sich selbst erhalten will.

So können wir allgemein sagen: wenn wir die Triebe psychologisch als bewusste subjektive Erlebnisse betrachten, gehören nur ihre Ursprünge (die Bedürfnisse), ihre Dynamik (der Drang) und das unmittelbare Triebziel (Bedürfnisbefriedigung) zu ihnen. Wenn wir sie aber von aussen als biologisch sinnvolle Kräfte betrachten, die das Individuum im Sinne einer ihm selbst oft unbewussten Zweckhaftigkeit antreiben, dann gehören auch ihre über die Bedürfnisbefriedigung hinausgehenden Zwecke zu ihnen.

Deswegen ist die Aussage, dass der Geschlechtstrieb ein Fortpflanzungstrieb sei, richtig, wenn man nicht die Seite des subjektiven Erlebens, sondern die der objektiven Zweckhaftigkeit dieses Triebes im Auge hat.

Diese Unterscheidung zwischen dem erlebten Bedürfnis und dem von aussen erkennbaren Zweck eines Triebes müssen wir im Sinn behalten, wenn wir uns jetzt weiteren Trieben zuwenden, die ausser den vitalen und den Funktionstrieben häufig aufgezählt werden.

Da wäre zunächst die Gruppe der „Arterhaltungstriebe" zu nennen. Sie werden vor allem im Tierreich studiert und dort auch „Muttertriebe", „Brutpflegetriebe" und so weiter genannt.

Es darf wohl als sicher gelten, dass die Tiere nicht das Ziel der „Arterhaltung" erleben, weil das ein bewusstes Vorausdenken in die Zukunft voraussetzen würde. Aber auch das Kind, das seine Puppe „bemuttert", oder selbst die Mutter, die ihr Kind pflegt — beide handeln „triebhaft", ohne dabei an Arterhaltung zu denken.

So müssen wir annehmen, dass es Bedürfnisse des Bemutterns gibt, die den Muttertrieben zugrunde liegen, die aber nur mittelbar im Dienste der Arterhaltung stehen. Worin die organischen Grundlagen der Muttertriebe bestehen, ist noch weitgehend unbekannt; gesichert ist aber aus Tieruntersuchungen, dass sie — jedenfalls bei den Tieren — die stärksten Triebe überhaupt darstellen.

153

Aus solchen Untersuchungen hat sich eine *Rangordnung der Triebe* nach ihrer Stärke ergeben, die vielleicht zunächst einigermassen überraschend ist. Sie Lautet: Muttertrieb — Trinktrieb — Nahrungstrieb — Geschlechtstrieb[6]. Erst bei näherer Betrachtung dieser Reihenfolge erkennt man, dass die Triebe offenbar umso stärker sind, je unmittelbarer sie der Erhaltung des zukünftigen und des gegenwärtigen Lebens dienen.

Weiter bestehen beim Menschen (wie entsprechend auch bei manchen Tieren) starke Bedürfnisse, mit anderen Menschen zusammenzukommen und mit ihnen Beziehungen aufzunehmen. Manche Psychologen leiten aus diesen Bedürfnissen *„soziale Triebe"* ab, unter denen beispielsweise ROHRACHER unter anderem folgendes aufzählt: „Geltungsdrang, Machtgier, Herrschsucht, aber auch Habgier, Eifersucht, Gefallsucht und den Vergeltungstrieb ..."[7]

Man bemerkt, wie weit wir uns jetzt schon von den allgemein anerkannten vitalen Trieben, denen allemal ein unmittelbar erkennbares körperliches Bedürfnis zugrunde liegt, entfernt haben. Die sozialen Triebe sind zwar auch noch „zielgerichteter Drang", aber sie scheinen unsere ursprüngliche Definition zu sprengen, dass der Trieb ein seelisches Phänomen sei, das aus Körperlichem herrührt und wieder auf Körperliches hinzielt.

So wäre es verständlich, wenn man die sozialen Bedürfnisse und Aktivitäten des Menschen von den Trieben absondern und ihnen einen anderen Namen, z. B. „soziale Strebungen" geben würde.

Wenn wir uns aber von der Verhaltensforschung über das soziale Verhalten der Tiere informieren lassen, so bemerken wir, dass dieses Verhalten doch wieder von vitalen Trieben begründet und geleitet wird: Ernährungstrieb, Geschlechtstrieb und Arterhaltungstrieb sind die Grundlagen aller sozialen Einrichtungen im Tierreich und somit auch aller sozialen Triebe der Tiere, sofern man von solchen überhaupt sprechen will.

Wie aber steht es mit den sozialen „Strebungen" der Men-

---

[6] Vgl. ROHRACHER, a. a. O., S. 433.
[7] ROHRACHER, a. a. O., S. 409.

schen? Wenn man die oben wiedergegebene Aufzählung von
ROHRACHER näher betrachtet, fällt es nicht schwer, auch hinter
Geltungsdrang, Machtgier, Herrschsucht, Habgier, Eifersucht und
Gefallsucht *vitale Triebe* am Werk zu sehen, die zwar in solchen
sozialen Trieben nicht unmittelbar zum Ausdruck kommen, die
aber letztlich doch auf die Befriedigung primärer körperlicher Bedürfnisse hinzielen.

So können wir unsere Auffassung, dass Triebe zwar seelisch
erlebt, aber körperlich verursacht und gerichtet sind, doch auch
angesichts der sozialen Triebe aufrechterhalten.

Nur mit einer letzten Gruppe von Trieben, die wir noch erwähnen müssen, kommen wir in Schwierigkeiten. Es sind das die *„vitalen Schaffenstriebe"* oder *„geistigen Triebe"*, wie JASPERS sie
nennt[8], oder diejenigen Triebe, die K. SCHNEIDER als *„seelische
Triebe"* bezeichnet, zu denen er das Streben nach „Pflichterfül-
lung, Demut, Reinheit, Heiligkeit" zählt[9]. Von ROHRACHER wird
diese Gruppe von Trieben *„Kulturtriebe"* oder *„Interessen"* genannt. Er zählt hierher: „alles, was den Menschen zu produkti-
ven psychischen Leistungen drängt: der Erkenntnistrieb, der
Künstlerdrang, der Wissensdrang, das metaphysische Bedürfnis,
der Gerechtigkeitstrieb – kurz alles, was an schöpferischen Kräf-
ten im Menschen vorhanden ist"[10].

Wenn es wirklich sinnvoll ist, all die hier gemeinten geistigen
und schöpferischen Strebungen des Menschen als „Triebe" zu
bezeichnen, dann müssen wir entweder an dieser Stelle unseren
Triebbegriff (seelisch erlebt, aber körperlich verursacht und auf
Körperliches gerichtet) erweitern, oder wir müssen versuchen,
auch noch die „geistigen Triebe" auf vitale Triebe zurückzuführen.

Das letztere unternimmt, wie man weiss, SIGMUND FREUD. In
seinen Augen gehen gerade die künstlerischen, intellektuellen
und religiösen Hervorbringungen der Menschheit, also „das Geistige", auf einen Trieb zurück, und zwar auf den Geschlechts-

---

[8] JASPERS, a. a. O., S. 266.
[9] K. SCHNEIDER, a. a. O., S. 163.
[10] ROHRACHER, a. a. O., S. 409.

trieb. „Der Sexualtrieb ...” schreibt er, „... stellt der Kulturarbeit ausserordentlich grosse Kraftmengen zur Verfügung, und dies zwar infolge der bei ihm besonders ausgeprägten Eigentümlichkeit, sein Ziel verschieben zu können, ohne wesentlich an Intensität abzunehmen. Man nennt diese Fähigkeit, das ursprünglich sexuelle Ziel gegen ein anderes, nicht mehr sexuelles, aber psychisch mit ihm verwandtes, zu vertauschen, die Fähigkeit zur *Sublimierung*”[11]. Den durch Sublimierung der Sexualtriebe gewonnenen Energien „verdanken wir” nach FREUDS Auffassung „wahrscheinlich die höchsten kulturellen Erfolge.”[12]

Man sieht: sofern man die Hypothese der Sublimierbarkeit der Sexualität akzeptiert, stehen auch hinter den geistigen Trieben letztlich körperliche Bedürfnisse und körperliche Ziele: das, was als selbständiger Trieb nach geistiger Betätigung erscheint, ist in Wirklichkeit nichts anderes als indirekter („sublimierter”) Geschlechtstrieb.

Aber diese Hypothese ist nicht unbestritten. Hören wir, was C. G. JUNG über das Verhältnis von Trieb und Geist zu sagen hat: „Es genüge, hervorzuheben, dass es uns vorkommt, als ob die Sexualität der stärkste und unmittelbarste Trieb sei (bei Primitiven, wo die Magenfrage eine viel grössere Rolle spielt, ist dies nicht der Fall), weshalb er als *der* Trieb überhaupt erscheint. ... *Das Geistige erscheint in der Psyche auch als ein Trieb*, ja, als eine wahre Leidenschaft, wie Nietzsche es einmal ausdrückt, als ein verzehrendes Feuer. Es ist kein Derivat eines anderen Triebes, wie es die Triebpsychologie haben möchte ...”[13]

Hier stehen gegenseitig sich ausschliessende Meinungen einander gegenüber, die beide über den Rang von Hypothesen nicht hinauskommen. Angesichts dieser Tatsache sollte man es vermeiden, sich zum objektiven Schiedsrichter machen zu wollen, sondern sollte die Subjektivität seiner eigenen Stellungnahme im Sinn behalten.

Tatsache ist nur, dass das Bedürfnis nach geistiger Betätigung

---

[11] S. FREUD, Ges. Werke, Bd. VII, S. 150.
[12] S. FREUD, Ges. Werke, Bd. VIII, S. 58.
[13] C. G. JUNG, Ges. Werke, Bd. VIII, S. 63 f.

von manchen Menschen genauso „vital" empfunden wird wie die Bedürfnisse, die den „Funktionstrieben" zugrunde liegen, so dass es von daher berechtigt ist, von „geistigen Trieben" zu sprechen. Worin diese Triebe ihre Wurzel haben, und warum sie (im Gegensatz zu allen anderen Trieben) bei den verschiedenen Menschen so verschieden stark ausgeprägt sind, darauf vermag die Psychologie vorläufig keine Antwort zu geben.

Dass die Psychologie, einschliesslich der Triebpsychologie, überhaupt letztlich nichts Exaktes über die Triebe zu sagen vermag, möge abschliessend SIGMUND FREUD bezeugen, der wie kaum ein anderer um eine präzise Trieblehre bemüht war, und der doch (1932) schrieb: „Die Trieblehre ist sozusagen unsere Mythologie. Die Triebe sind mythische Wesen, grossartig in ihrer Unbestimmtheit. Wir können in unserer Arbeit keinen Augenblick von ihnen absehen und sind dabei nie sicher, sie scharf zu sehen."[14]

## 2. Instinkte

Unvergleichlich viel exakter und besser fundiert als die Psychologie der Triebe ist die Lehre von den Instinkten, die im wesentlichen aus der Tierbeobachtung entwickelt wurde. Das wird schon deutlich, wenn wir lesen, was N. TINBERGEN in seiner „Instinktlehre" als vorläufige Definition des Begriffes „Instinkt" vorschlägt: „So will ich vorläufig einen Instinkt definieren als einen hierarchisch organisierten nervösen Mechanismus, der auf bestimmte vorwarnende, auslösende und richtende Impulse, sowohl innere wie äussere, anspricht und sie mit wohlkoordinierten, lebens- und arterhaltenden Bewegungen beantwortet."[15] Man erkennt an dieser Definition, wie sehr TINBERGEN bemüht ist, die Instinktlehre auf physiologischen Fakten aufzubauen („nervöser Mechanismus"), und wie weitgehend er von psychologischen Aspekten absieht.

Da wir für unseren Zusammenhang eine weniger komprimierte

[14] S. FREUD, Ges. Werke, Bd. XV, S. 101.
[15] N. TINBERGEN, Instinktlehre, Berlin/Hamburg, 4. Aufl. 1966, S. 104.

und mehr psychologische Beschreibung brauchen, wollen wir über den Instinkt folgendes sagen: Instinkte sind ererbte Verhaltensweisen, die nicht erlernt werden müssen, und die aus geordneten Bewegungsabläufen bestehen, welche meistens zur Erhaltung des Lebens oder der Art sinnvoll sind. Die instinktiven Verhaltensweisen können zwar zum Bewusstsein kommen, werden aber nicht vom Bewusstsein gesteuert, sondern laufen unwillkürlich ab. Dennoch sind sie nicht starr-automatenhaft, sondern werden an die jeweilige Situation jeweils sinngemäss angepasst. Festgelegt sind nur die einzelnen Instinkt*bewegungen*; die aus ihnen zusammengesetzten Instinkt*handlungen* sind variabel.

Über das Zustandekommen von instinktiven Verhaltensweisen können wir (TINBERGEN und LORENZ folgend) sagen, dass einerseits von aussen kommende Reize und andererseits innerkörperliche Faktoren zusammenwirken müssen, um eine Instinkthandlung auszulösen.

Wenn (für den Beobachter) die äusseren Reize überwiegen, dann erscheint die Instinkthandlung als reine *Reaktion* (z. B. Wahrnehmung des Gegners, dann instinktiv gesteuertes Flucht- oder Angriffsverhalten). In anderen Fällen werden instinktive Verhaltensweisen jedoch ganz vorwiegend von Innenfaktoren, z. B. von Hormonen aktiviert oder, wie sogar TINBERGEN es ausdrückt, von ,,Stimmungen''; dann erscheint das Instinktverhalten als spontane *Aktion* des Lebewesens. Anschauliche Beispiele hierfür sind die von LORENZ beschriebenen ,,*Leerlauf*''-Handlungen, unter denen die folgende besondere Berühmtheit erlangte:

,,So hatte ich einen jung aufgezogenen Star, der, obwohl er nie in seinem Leben im Fluge eine Fliege gefangen hatte, doch das ganze dazugehörige Verhalten ausführte, aber *ohne Fliege*, auf Leerlauf. Der Star benahm sich dabei wie folgt: Er flog auf einen erhöhten Punkt, der ihm als Warte diente, meist auf den Kopf einer Bronzestatue in unserem Speisezimmer. Dort sass er und blickte ununterbrochen in die Höhe, als suchte er den Himmel nach fliegenden Insekten ab. Plötzlich zeigte dann sein ganzes Benehmen, dass er scheinbar ein solches entdeckt hatte. Er wurde lang und dünn, zielte in die Höhe, flog ab, schnappte nach etwas, kam auf seine Warte zurück, schlug die imaginäre Beute wiederholt gegen seinen Sitz und vollführte dann Schluckbewegungen. Der ganze Vorgang war so überraschend wahrheitsgetreu, vor allem sein Benehmen bevor er abflog, war so überzeugend, dass ich immer wieder nachsah, ob nicht doch kleine fliegende Insekten vorhanden wären, die ich bisher übersehen hätte. Es waren aber wirklich keine da."[16]

Die „vergleichende Verhaltensforschung" oder „Ethologie", die ihren Zentral-Begriff „Instinkt" so klar definieren und uns über das instinktgesteuerte Verhalten der Lebewesen eine unübersehbare Fülle von Einzelbeobachtungen mitteilen kann, studiert jedoch in unmittelbarer Weise stets nur das instinktive Verhalten der *Tiere*; sie ist die exakte Nachfolgerin jener verschwommenen Wissenschaft, die früher den anspruchsvolleren Namen „Tierpsychologie" führte.

Nun besteht wohl kaum ein Zweifel daran, dass auch für das Verhalten der Menschen Instinkte eine beträchtliche Rolle spielen, und nur die wenigsten Psychologen nehmen heute noch Anstoss an der Methode, nach der etwa KONRAD LORENZ behutsame Schlüsse vom tierischen auf das menschliche Verhalten zieht[17]. Auch hat die sogenannte *Verhaltenstherapie* gezeigt, dass die aus der Tierbeobachtung gewonnenen Erkenntnisse über Instinkt- und Lernverhalten erfolgreich zur Beseitigung mancher Symptome beim Menschen angewendet werden können[18].

Dennoch ist es auffällig, eine welch geringe Rolle der Instinkt-Begriff im Gegensatz zum Begriff „Trieb" in der Humanpsychologie spielt. (Nur dort, wo die Begriffe „Trieb" und „Instinkt" gleichsinnig gebraucht werden, ergeben sich irreführende Ausnahmen.) Das liegt zum Teil wohl immer noch daran, dass man die Instinkte als etwas „Niedriges" den Tieren zuschieben will, um dadurch dem Menschen als „vernünftigem" Wesen eine vermeintliche Überlegenheit zuzusichern, aber ausserdem hat es seine Ur-

---

[16] K. LORENZ, Über tierisches und menschliches Verhalten, München 1965, Bd. I, S. 107.

[17] Vgl. K. LORENZ, a.a.O. und ders.: Das sogenannte Böse, Zur Naturgeschichte der Aggression, Wien, 3. Aufl. 1964.

[18] Vgl. L. BLÖSCHL, Grundlagen und Methoden der Verhaltenstherapie, Bern/Stuttgart/Wien 1974.

sache auch in der Schwierigkeit, instinktives Verhalten beim Menschen überhaupt zu beobachten.

Woran liegt das? Es liegt daran, dass die Phänomene Trieb und Instinkt beim Menschen längst nicht so eng miteinander verkoppelt sind wie beim Tier.

Beim Tier können wir auf einen zugrunde liegenden Trieb nur schliessen, wenn wir entweder die Instinkthandlung bzw. Instinktbewegung selbst beobachten (also: Beissen, Verjagen, Drohen, Fressen, Trinken, Flucht, Begattung, Nestbau usw., zusammengefasst unter der Bezeichnung *„Endhandlung"*), oder wenn wir feststellen, dass das Tier Situationen sucht, die bei ihm solche Endhandlungen auslösen (also wenn es Beute, einen Geschlechtspartner, einen Nistplatz sucht uws., was man unter der Bezeichnung *„Appetenzverhalten"* zusammenfasst)[19].

Ob das Tier einen Trieb als zielgerichteten Drang wirklich „erlebt", können wir natürlich nicht wissen; aber wenn wir den Triebbegriff beim Tier überhaupt verwenden wollen, dann können wir sagen: der Trieb bewirkt beim Tier immer ein Instinktverhalten, sei es in Form des Appetenzverhaltens oder schliesslich in Form der Endhandlung, die dann den Trieb vorübergehend „befriedigt" und zum Erlöschen bringt.

Darum kann man in bezug auf die Tiere Trieb und Instinkt als ineinander verschachtelt betrachten und etwa, wie H. BINDER es tut, sagen: „Die Triebe enthalten spezifische, anlagemässig vorgeprägte psychische Bewegungsentwürfe, zum Beispiel zum Verschlingen der Nahrung, zur Begattung des Sexualpartners, zum Angriff auf den Feind, die man Instinkte nennt."[20] Nach dieser Auffassung *stehen die Instinkte also unmittelbar im Dienst der Triebbefriedigung.*

So klar und eindeutig ist das Verhältnis zwischen Trieb und Instinkt beim Menschen offensichtlich nicht mehr. Denn wir erleben zwar häufig, wie wir von den Trieben zu bestimmten Zielen gedrängt werden, aber wir erfahren nur selten, dass wir zur Erreichung dieser Ziele auf „angeborene, biologisch zweckmässige

---

[19] Vgl. hierzu TINBERGEN, a.a.O., S. 97 ff.

[20] H. BINDER, Die menschliche Person, Bern/Stuttgart/Wien 1974.

Verhaltensweisen" angewiesen sind, „die als Reaktion auf Reize oder als Spontanaktionen ohne Mitwirkung des Bewusstseins einsetzen", wie ROHRACHER die Instinkthandlungen definiert[21]. Vielmehr ist es für die Kulturmenschen eigentümlich, dass sie die ursprünglichen Instinkthandlungen immer mehr durch solche Verhaltensweisen ersetzen, auf deren „Anständigkeit" oder „Sittlichkeit" sie sich in ihren Konventionen geeinigt haben. Diese zivilisierten Verhaltensweisen müssen erlernt und vorsätzlich befolgt werden und tragen zweifellos zur Aufrechterhaltung der sozialen Ordnungen wesentlich bei. Auf der anderen Seite führen sie zur fortschreitenden Verunsicherung in solchen Lebensbereichen, in denen die Instinkte bessere Ratgeber sein würden, als Vernunft und Konvention es sein können.

Wenige Beispiele mögen das veranschaulichen: Wenn wir vom Hunger zum Essen getrieben werden, dringen wir im allgemeinen nicht in den nächsten Metzgerladen ein, um uns instinktiv Nahrung einzuverleiben, sondern wir verhalten uns „gesittet", also so, wie wir es gelernt haben: wir suchen ein Gasthaus auf und bestellen uns, nach Massgabe unseres Portemonnaies, ein Menu. Selbst bei der Nahrungsaufnahme verfahren wir nicht instinktiv, sondern halten uns — mehr oder weniger genau — an die Verfahrensweise, die man uns gelehrt hat.

Was für den Nahrungstrieb gilt, gilt auch für alle anderen Triebe: in den allermeisten Fällen erreichen wir ihre Befriedigung auf erlernten, von der Gesellschaft vorgeschriebenen Wegen, die mit Instinkthandlungen nur noch wenig oder nichts zu tun haben.

In manchen Fällen, wie z.B. beim Aggressionstrieb, ist es sicher nützlich, dass wir die Instinkthandlungen im allgemeinen durch subtilere Reaktionen wie z.B. durch Beschimpfungen, durch Ironie oder durch Nichtbeachtung des Aggressionsobjektes ersetzen.

Zweifelhafter wird es, wenn der Geschlechtstrieb vieler Menschen so weit vom Instinktverhalten abgelöst ist, dass Lehrer des sexuellen Verhaltens in die Bresche springen müssen, die zu lehren versuchen, was eigentlich angeboren und ohne Mitwirkung des Bewusstseins von selber spielen müsste.

[21] ROHRACHER, a.a.O., S. 419.

Vollends an der Instinktunsicherheit mancher Mütter gegenüber ihren kleinen Kindern wird deutlich, wie nachteilig die Folgen der Trennung von Trieb und Instinkt beim Menschen sein können.

So müssen wir, obgleich wir Trieberlebnisse alle kennen, oft recht weit suchen, um Instinkthandlungen bei uns oder bei anderen zu beobachten.

Bei kleinen Kindern oder bei den sogenannten Primitiven ergibt sich dazu noch Gelegenheit, aber beim erwachsenen Zivilisierten braucht es für die Reaktivierung von Instinkthandlungen entweder ausserordentliche Umstände wie Krieg, Katastrophen oder sonstige Notsituationen, oder wir müssen uns mit ganz banalen Beispielen für Instinkthandlungen begnügen, die der ursprünglichen Bedeutung des Instinktes keineswegs gerecht werden.

Ein beliebtes Beispiel dieser banalen Art ist die berühmte Mücke, die einen in die Hand sticht, die instinktiv weggeschlagen wird; oder „die allgemeine Verbreitung des Sich-hinter-den-Ohren-Kratzens in Konfliktsituationen", auf die TINBERGEN in diesem Zusammenhang hinweist[22].

So erstaunt es einen nicht, dass die Instinktlehre, die aus der Beobachtung des tierischen Verhaltens so reichhaltige Fakten zusammengetragen und so scharfsinnige Hypothesen aufgestellt hat, in der Psychologie des Menschen immer noch eine untergeordnete Rolle spielt. Trotz der Bemühungen von LORENZ und anderen Forschern[23] um engere Zusammenarbeit zwischen Verhaltensforschung und Humanpsychologie kümmert die letztere sich doch immer noch weit intensiver um „Motivationen", „Strebungen" und „Triebe" als um „Instinkte" – was ihr wahrscheinlich nicht zum Vorteil gereicht.

Denn es ist gewiss nicht so, dass die brachliegenden Instinkte allmählich aus dem psycho-physischen Haushalt des Menschen verschwinden würden, sondern viel eher ist anzunehmen, dass sie gerade wegen der ihnen entzogenen positiven Wirkungsmöglichkeit eine zerstörende und krankmachende Fehlfunktion ausüben.

---

[22] TINBERGEN, a. a. O., S. 201.
[23] Vgl. J. EIBL-EIBESFELDT, Der vorprogrammierte Mensch.

Aber nicht einmal die Psychopathologie hat sich — wie wir später sehen werden — bisher um die Fehlfunktionen der Instinkte sonderlich gekümmert ... wohl nur deswegen, weil die Instinkte in noch viel höherem Masse als die Triebe als „tierisch" gelten und deswegen als quantité négligeable behandelt werden.

## 3. Reflexe

Um den Begriff „Reflex" im Zusammenhang dieses Kapitels richtig zu verstehen, wollen wir zunächst nochmals kurz zusammenfassen, was wir bisher über Trieb und Instinkt gesagt haben.

Unter *Trieb* haben wir verstanden das Erlebnis eines zielgerichteten Dranges, also ein *seelisches Phänomen*, das Affektivität und Antrieb umfasst. Als Ursachen der meisten Triebe hatten wir Bedürfnisse erkannt, die meistens körperlicher Art sind. Von der latent stets vorhandenen Trieb*bereitschaft* sagten wir, dass sie ererbt sei.

Unter *Instinkt* verstehen wir eine ererbte *Verhaltensweise*, die aus einer Summe von sinnvoll koordinierten *Körperbewegungen* besteht. Die Instinkthandlungen stehen im Dienste der Triebbefriedigung und sind, im Gegensatz zu den einzelnen Instinktbewegungen, die festgelegt sind, variabel und an die jeweilige Situation angepasst.

Wenn wir uns nun den Reflexen zuwenden, dann verlassen wir zunächst den Bereich der Psychologie und betrachten einen rein körperlichen Vorgang. Denn ein *Reflex* ist nichts weiter als eine durch Anatomie und Physiologie des Nervensystems bedingte, also angeborene, passive Organreaktion auf einen von aussen oder von innen kommenden Reiz.

Reflexe äussern sich entweder in Muskelkontraktionen (von einzelnen Muskeln oder Muskelgruppen) oder in Drüsensekretionen. Sie entstehen unwillkürlich, können aber zum Teil willkürlich unterdrückt werden. Sie stellen sehr rasche, immer gleich ablaufende, starre Reaktionen dar, die automatisch den auslösenden Reiz beantworten, ohne irgendwie auf den grösseren Zusammenhang der jeweiligen Situation bezogen zu sein.

So hat das Beklopfen von manchen Sehnen normalerweise Muskelkontraktionen zur Folge; Lichteinfall ins Auge führt zur Verengung der Pupillen, ein Fremdkörper auf der Bindehaut des Auges löst Tränenfluss aus, und so weiter.

Sofern die Reflexe sich an Muskeln des Bewegungsapparates abspielen oder an Drüsen, die ihr Produkt an die Körperoberfläche abgeben, können wir sie beobachten und uns in den meisten Fällen (mehr oder weniger leicht) von ihrer Zweckhaftigkeit überzeugen. Überall dort nämlich, wo es darauf ankommt, dass der Organismus zu seinem Schutz oder zur Abwehr von Gefahren möglichst rasch und ohne Zutun des Bewusstseins reagiert, bewirken Reflexe die erforderlichen Reaktionen.

Die allermeisten Reflexe spielen sich aber an Muskeln und Drüsen im Körperinneren ab und verlaufen deswegen meistens unbemerkt. Solche „vegetativen" reflektorischen Vorgänge im Körperinnern haben für das sich selbst regulierende Funktionieren des Organismus eine sehr grosse Bedeutung; ihre Erforschung und Beschreibung ist Sache der Physiologie bzw. Neurologie.

Auf vegetativen Reflexen beruhen allerdings auch einige körperliche Veränderungen, die mit der Affektivität verknüpft sind, und von denen jedermann auf affektive Vorgänge zurückschliesst: das Erröten, das Erbleichen, der Tränenfluss, das Zittern, das Schwitzen — das alles sind vegetative Reflexe, die Affekte oder Emotionen anzeigen können. (Nur beiläufig wollen wir erwähnen, dass im vorigen Jahrhundert unter anderen auch der bedeutende amerikanische Psychologe WILLIAM JAMES die Auffassung vertrat, dass die reflexbedingten vegetativen Erscheinungen wie z.B. das Weinen nicht Folge oder Begleitsymptome der Affekte, sondern deren Ursache seien; JAMES behauptete also: wir weinen nicht, weil wir traurig sind, sondern wir sind traurig, weil wir weinen![24])

Aber die vegetativen Reflexe mit ihrer Beziehung zur Affektivität sind nicht der einzige Berührungspunkt zwischen dem neurophysiologischen Bereich der Reflexlehre und der Psychologie.

[24] Vgl. ROHRACHER, a.a.O., S. 489.

Vielmehr haben wir bei der Besprechung der Instinkte die Reflexe indirekt schon mehrfach erwähnt, nämlich immer dann, wenn wir von den starr festgelegten Instinkt*bewegungen* (im Gegensatz zu den variablen und anpassungsfähigen Instinkthandlungen) sprachen.

Jene immer gleich ablaufenden Instinktbewegungen nämlich, die wir (TINBERGEN folgend) oben als *„Endhandlung"* des Instinktes bezeichneten, dürften gänzlich auf Reflexen oder Reflexketten beruhen und eben deswegen so starr sein, weil Reflexe starr sind.

Das heisst aber durchaus nicht, dass wir — wie es die ältere Psychologie tat — Instinkte mit ,,Reflexketten" gleichsetzen wollen. Denn zum Instinkt gehört ja, wie wir oben sagten, auch das der Endhandlung vorausgehende ,,Appetenzverhalten", also die Suche nach der die Endhandlung auslösenden Aussensituation; zum instinktiven Verhalten gehört überhaupt seine Anpassungsfähigkeit an die Umwelt, seine *nicht* festgelegte Formbarkeit, so dass das instinktive Verhalten als Ganzes doch weit mehr ist als eine Summe von Reflexen.

Wir wollen versuchen, die Zusammenhänge der drei Begriffe Trieb-Instinkt-Reflex kurz zusammenzufassen, wobei wir notwendigerweise Erkenntnisse der (Human-)Psychologie mit solchen der Verhaltensforschung kombinieren: Im Trieb wird ein ungestillter Bedarf als quälender Mangel erlebt, und zugleich wird der Drang erfahren, diesem unangenehmen Gefühlszustand (,,Unlust") durch Erreichung eines bestimmten Zieles abzuhelfen.

Daraus folgt die oft komplizierte, anpassungsfähige, aus vielen Bewegungen zusammengesetzte und viele Wahrnehmungen und Erfahrungen berücksichtigende, im Prinzip aber angeborenen Mustern folgende Instinkthandlung, die schliesslich — wenn sie zum Ziel kommt — in einer bestimmten Endhandlung (bzw. Instinktbewegung) zur Befriedigung des Triebes (und damit zur ,,Lust") führt. Die Endhandlung (bzw. Instinktbewegung) beruht nur noch auf Reflexen, so dass sie starr, in immer gleicher Weise und ohne Anpassung an die äussere Situation abläuft.

Nur andeutungsweise wollen wir darauf hinweisen, dass der Mensch in seinen ersten Lebensjahren eine Entwicklung durchmacht, die von rein reflexgesteuertem Reagieren über vorwiegend instinktives Verhalten zur Fähigkeit des Trieberlebens führt; und dass es sich dabei um eine individuelle Entwicklungsreihe *(„Ontogenese")* handelt, die vermutlich die Stammesentwicklung *(„Phylogenese")* wiederholt.

Auch wollen wir einen Begriff nur kurz streifen, der in der Psychologie und Psychopathologie sowohl der osteuropäischen Staaten als auch im amerikanischen „Behaviorismus" eine überragende Rolle spielt: den Begriff *„bedingter Reflex"*. Er geht auf den russischen Physiologen IWAN PETROWITSCH PAWLOW zurück. PAWLOW konnte zeigen, dass man reflexhafte Reaktionen, die *nicht* angeboren sind, durch Gewöhnung oder Dressur bei Tieren „erzeugen" kann[25]. Dass solche „bedingten" oder „konditionierten" Reflexe auch beim Menschen in grosser Zahl durch Erziehung und Gewöhnung erzeugt werden, und dass diese „Konditionierungen" die Ursache vieler seelischer Fehlentwicklungen sein können, ist unbestritten. Auf den „Behaviorismus", d.h. die Lehre vom menschlichen Verhalten, die sich (unter anderem) ganz wesentlich auf das Phänomen der bedingten Reflexe stützt, näher einzugehen, ist jedoch hier nicht unsere Absicht.

Vielmehr müssen wir uns zum Schluss dieses Kapitels noch einem Begriff zuwenden, der in der Psychologie eine ungleich grössere Rolle als in der Psychopathologie spielt:

### 4. Das Wollen

Es ist kein Zufall, dass in der Psychologie der in der Umgangssprache viel geläufigere Begriff „Wille" meistens vermieden und stattdessen das künstliche Substantiv „Wollen" gebraucht wird. Unter dem „Willen" wird nämlich im allgemeinen Sprachgebrauch eine irgendwo in der menschlichen Seele vorhandene Kraft verstanden, von der der eine mehr, der andere weniger besitzt, und die man, wenn man sich nur recht anstrengt, beliebig einsetzen kann. Wo ein Wille sei, sei auch ein Weg, heisst es gemäss dieser

[25] Vgl. I.P. PAWLOW, Die bedingten Reflexe, München 1972.

Auffassung, und das meint mit anderen Worten: wer nicht den „rechten Weg" geht, dem fehlt es entweder am „guten Willen" oder an der „Willensanstrengung".

Für die heutige Psychologie besteht eine solche besondere Kraft „Wille" nicht.

Wohl aber bestehen für jeden ich-bewussten Menschen immer wieder Situationen, in denen er sich zwischen zwei (oder mehr) möglichen Zielen entscheiden muss. Wenn er seine Entscheidung aufgrund bewussten Nachdenkens und aufgrund einer bewussten Bewertung der verschiedenen Ziele und Motive trifft, dann hat er das Erlebnis des „Wollens".

So schreibt etwa ROHRACHER: „ein Wollen liegt vor, wenn sich ein Mensch in klarbewusstem Erleben und mit voller innerer Zustimmung für ein bestimmtes Ziel entscheidet oder es ablehnt"[26]. Die Kraft, einen „Willensentschluss" in einen „Willensakt" (das heisst in eine Handlung oder eine Unterlassung) umzusetzen, ist aber eben nicht ein geheimnisvoller Wille, „sondern die von der Persönlichkeit zum Einsatz gebrachte Kraft der Triebe und Interessen"[27]. (Man beachte, dass ROHRACHER die „Interessen" auch als „Kulturtriebe" bezeichnet; siehe Seite 155.)

Wenn man davon ausgeht, dass auch die Ziele für oder gegen die der Wollende sich entscheiden müsse, letztlich immer Triebziele seien, dann wird einem klar, wie sehr die ganze Psychologie des Wollens eingebettet ist in die Triebpsychologie.

Für das Tier regeln sich Trieb-Konflikte im allgemeinen dadurch, dass einfach der momentan stärkere Trieb sich durchsetzt. Der Mensch kann zweifellos von zwei Triebzielen auch dasjenige wählen, das momentan geringeren Lustgewinn verspricht, also eigentlich das schwächere ist. Er tut das aber – triebpsychologisch gesehen – nicht aufgrund einer unabhängigen „Willenskraft", sondern deswegen, weil er durch Erziehung und Erfahrung gelernt hat, als Motiv seines Handelns nicht nur das „Lustprinzip", sondern auch das „Realitätsprinzip" zu berücksichtigen. Dieses Realitätsprinzip sagt ihm, dass es unter vielen Umständen

[26] ROHRACHER, a.a.O., S. 497.
[27] a.a.O., S. 499.

günstiger ist, das rasch zu erreichende aber flüchtigere Lust bringende Triebziel zu vernachlässigen, und stattdessen das schwerer und später erreichbare, aber dauerhaftere Lust versprechende Ziel zu wählen.

Wenn eine solche Entscheidung nicht nur dem Realitätsprinzip gehorcht, sondern zugleich auch noch eine Entscheidung für das von der Gesellschaft als das „höhere" oder „edlere" Ziel Angesehene ist, dann haben wir das volle Erlebnis des „Willens" vor uns, der eben meistens als der „gute Wille" gilt. Wie wenig sinnvoll es ist, an diesen Willen zu appellieren, solange das Lustprinzip noch über das Realitätsprinzip dominiert, dürfte deutlich sein. Man kann nicht „den Willen", sondern nur die Einsicht in den Wert des Realitätsprinzipes stärken.

PETER R. HOFSTÄTTER weist in seinen Ausführungen über den „wertgetönten" Begriff „Wille" darauf hin, „dass diesem Begriff ursprünglich eine sittliche Konzeption zugrunde liegt, die das Wollen in die Nachbarschaft des ethischen *Sollens* rückt"[28].

Im selben Sinne schreibt auch C. G. JUNG: „Der Wille ist ein psychologisches Phänomen, das seine Existenz der Kultur und der sittlichen Erziehung verdankt, der primitiven Mentalität aber in hohem Masse fremd ist."[29] Da man, wie JUNG weiter ausführt, einen durch *unbewusste* Motivation ausgelösten psychischen Vorgang nicht als einen Willensvorgang ansehen kann, und da andererseits das Hauptinteresse der Tiefenpsychologie gerade den unbewussten Motivationen unseres Handelns gilt, ist es nicht erstaunlich, dass die Tiefenpsychologie sich nur sehr wenig mit dem Begriff des Wollens beschäftigt. Wir werden sehen, dass dasselbe auch für die Psychopathologie gilt.

[28] HOFSTÄTTER, a. a. O., S. 357.
[29] JUNG, Ges. Werke, Bd. VI, S. 528.

# Störungen der Triebe, Instinkte, Reflexe und des „Wollens"

## 1. Triebstörungen

Wir haben schon darauf hingewiesen, wie gering der Raum ist, den die Darstellung der Triebpathologie in den Lehrbüchern der Psychopathologie und Psychiatrie einnimmt — im Gegensatz zu der immensen Bedeutung, die die Tiefenpsychologie (vor allem FREUDS und SZONDIS) den Triebkonflikten und -störungen beimisst. Wenn wir hier den engen Rahmen der herkömmlichen Psychopathologie auch nicht überschreiten, wollen wir doch wenigstens unterstreichen, dass in der tiefenpsychologischen Literatur unvergleichlich viel mehr zum Thema der Triebstörungen zu finden ist.

Wir wollen im folgenden nicht sämtliche denkbaren Triebe durchgehen und deren Störungen aufzählen, sondern wir werden uns beschränken auf die wichtigsten: Störungen des Geschlechtstriebes, der Selbsterhaltungstriebe und einzelne krankhafte Triebe.

### a) Störungen des Sexualtriebes

Den ersten Platz unter den Triebstörungen nehmen zweifellos *die sexuellen Perversionen* ein.

Es ist Aufgabe der speziellen Psychiatrie, sie vollständig aufzuzählen und zu beschreiben. Wir beschränken uns im Rahmen der Psychopathologie auf einige grundsätzliche Bemerkungen zum Wesen der sexuellen Perversionen[30].

Wir verdanken SIGMUND FREUD und seinen Schülern den Abbau eines falschen, spiessbürgerlich-prüden Normalitätsbegriffes der Sexualität und — auf der positiven Seite — die Einsicht, dass das menschliche Sexualverhalten eine sehr grosse „normale" Variationsbreite besitzt.

Sexuelles Verhalten ist erst dann als „pervers" zu bezeichnen, wenn es entweder dem Partner Schaden oder Leid zufügt, oder

---

[30] Zum folgenden vgl. H. GIESE, Zur Psychopathologie der Sexualität, Stuttgart 1973.

so eindeutig von der „noch normalen" Variationsbreite abweicht, dass es als eine vollkommen ungewöhnliche, für die allermeisten Menschen als „krank" und uneinfühlbar erscheinende Rarität auftritt.

Ein Beispiel für die erste (Schaden zufügende) Art der Perversion ist der Exhibitionismus, also das „öffentliche Zurschaustellen der Genitalien vor allem gegenüber dem anderen Geschlecht zum Zwecke der sexuellen Befriedigung"[31], der zweifellos vielen Opfern, vor allem Kindern und jungen Mädchen, auch heute noch beträchtlichen seelischen Schaden zufügen kann und übrigens auch von den meisten Exhibitionisten selbst als etwas Krankhaftes empfunden wird.

Ein Beispiel für die zweite (ganz eindeutig als krankhaft erscheinende) Art der Perversion ist etwa die (seltene) „Koprolagnie", also das „Auftreten von sexueller Erregung und Orgasmus beim Berühren oder Verschlingen der Exkremente des Geschlechtspartners"[32]. In beiden Beispielen ist das Pathologische, das die Anwendung des Begriffes „Perversion" rechtfertigt, wohl ohne weiteres einzusehen.

Viel schwieriger ist die Beurteilung anderer sexueller Verhaltensweisen, die zwar auch von der statistischen Norm abweichen, die aber weder Schaden zufügen müssen noch als ganz ungewöhnliche Rarität anzusehen sind. Man denke beispielsweise an die *Homosexualität*. Es ist gar nicht nötig, mehr als zweitausend Jahre in der Geschichte rückwärts zu gehen, um am Beispiel des klassischen Griechenland zu zeigen, dass Liebe zwischen Gleichgeschlechtlichen keineswegs „von Natur aus" verpönt ist, sondern unter Umständen von sehr hochstehenden Kulturen als etwas Edles angesehen wird. Vielmehr kann uns die alltägliche Gegenwart darüber belehren, dass in der gleichgeschlechtlichen Liebe dieselben Höhen und dieselben Tiefen anzutreffen sind, wie in der Liebe zwischen den Geschlechtern. So wenig es berechtigt ist, das Wesen der Heterosexualität am Beispiel eines drittrangigen Bordells darzutun, so wenig angemessen ist es, die Homosexuali-

---

[31] HARING, LEICKERT, a. a. O., S. 211.
[32] a. a. O., S. 340.

tät auf der Ebene von Pissoirs oder erpresserischen Strichjungen zu beurteilen. Sexualität ist immer problematisch und der tiefsten Entgleisung fähig — ob sie sich nun auf das eigene oder auf das andere Geschlecht richtet. Genauso kann sie aber auch immer höchster leiblicher Ausdruck der Liebe sein — ob sie sich nun auf das eigene oder auf das andere Geschlecht richtet.

Homosexualität zwischen Gleichgesonnenen muss keineswegs irgendeinen Schaden bringen — wenn nicht durch ungerechtfertigte Einmischung der Gesellschaft oder deren indirekte Folgen (Erpressung, Angst vor dem Entdecktwerden usw.). Und als etwas gänzlich Uneinfühlbares, Krankhaftes kann nur derjenige sie empfinden, der sich seiner eigenen sexuellen Möglichkeiten sehr wenig bewusst ist.

Die Auffassung einer veralteten Sexual-Psychopathologie, nach der ein sexuelles Verhalten umso krankhafter ist, je weiter es sich von der Möglichkeit der Zeugung entfernt, ist nicht mehr stichhaltig, seitdem akzeptiert werden musste, dass das Ziel des Geschlechtstriebes nicht die Fortpflanzung ist. Die biologische „Unfruchtbarket" der Homosexualität kann also nicht als Argument für ihren perversen Charakter gelten.

Wenn man mit WEITBRECHT annimmt: „Die Grenze zur Perversion, d.h. zum Abnormen, liegt da, wo nicht mehr liebende Hingabe erlebt wird, sondern wo der Partner nur noch zufälliger Träger oder Vermittler einer verselbständigten Partiallust ist"[33], dann wird man sagen dürfen, dass viele homosexuellen Beziehungen eindeutig diesseits dieser Grenze liegen, also die Bezeichnung „Perversion" nicht verdienen.

Aber auch bei anderen von der Norm abweichenden sexuellen Verhaltensweisen sollte man, sofern sie nicht eindeutig die Ursache von Leiden sind, mit der Bezeichnung „Perversion", die fast immer einer moralischen Verurteilung gleichkommt, sehr vorsichtig umgehen und bedenken, wie weitgehend die Beurteilung der Sexualität von der jeweiligen Kultur und ihren Konventionen abhängig ist.

Den sexuellen Perversionen als qualitativen Störungen werden

---

[33] Zit. nach HARING, LEICKERT, a.a.O., S. 445.

in der Psychopathologie die *quantitativen Störungen* der Sexualität gegenübergestellt.

Obgleich auch hinsichtlich des Quantums der sexuellen Bedürfnisse kaum ein „normales" Mass zu finden sein dürfte, gibt es doch Fälle, in denen eindeutig ein Übermass oder auch ein Fehlen des Geschlechtstriebes zu konstatieren ist und auch — subjektiv wie objektiv — als krankhaft empfunden wird. Übermässige sexuelle Triebhaftigkeit wurde in der mythologisierenden Sprache der älteren Psychiatrie beim Mann als *Satyriasis*, bei der Frau als *Nymphomanie* bezeichnet.

BLEULER weist darauf hin, dass „Verkümmerung oder Fehlen des Geschlechtstriebes häufiger ist, als man bisher ahnte"[34]. Der primär schwach entwickelte oder (z. B. in hohem Alter) zurückgebildete Sexualtrieb kann — im Zusammenhang mit anderen Veränderungen der Persönlichkeit — Anlass zu einer perversen Entwicklung der Sexualität werden.

Die *Funktionsstörungen* der Sexualität (also vor allem: Orgasmusschwierigkeiten, vorzeitiger Samenerguss, Impotenz) sind in den allermeisten Fällen psychisch bedingt, ohne etwas mit „Triebschwäche" zu tun zu haben; dass sie in den letzten Jahren zuzunehmen scheinen, oder besser: dass immer mehr Menschen über solche Störungen klagen, dürfte eine Folge des Leistungsdruckes sein, den die sexuellen Volksaufklärer ungewollt auf ihre Lehrlinge ausüben.

### b) Störungen der Selbsterhaltungstriebe

Als schwerste Störung der Selbsterhaltungstriebe, nämlich als Verkehrung in ihr Gegenteil, kann man den *Selbstmord* (oder den Versuch desselben) ansehen, sofern man ihn nicht, FREUD folgend, als Auswirkung des „Todestriebes" betrachten will.

Bei schwer depressiven Patienten erlischt mit dem *Antrieb* (siehe Seite 138) auch die Möglichkeit, den Selbsterhaltungstrieben zu folgen. Solche Patienten würden, sich selbst überlassen, verdursten, ersticken, erfrieren; sie würden vor Gefahren nicht

---

[34] BLEULER, a. a. O., S. 537.

172

fliehen, gegen Angriffe sich nicht verteidigen. Ob man ihren Zustand besser dadurch charakterisiert, dass man ihn als völligen Antriebsmangel bezeichnet oder dadurch, dass man ihn auf das momentane Fehlen der Selbsterhaltungstriebe zurückführt, ist eine rein theoretische Frage.

Eine umschriebene Störung des Ernährungstriebes liegt bei der *Magersucht* vor; sie dürfte (ebenso wie ihr Gegenteil, die extreme *Fresssucht*) in vielen Fällen in der Tiefe mit Störungen im sexuellen Bereich verknüpft sein.

Der Aggressionstrieb, den man — wenn man ihn nicht dem FREUDschen Todestrieb zurechnen will — am besten zu den Selbsterhaltungstrieben zählt, kann sich gegen den eigenen Leib richten und zur triebhaften (nicht zweckgerichteten) *Selbstverstümmelung* führen, die man gelegentlich bei schwachsinnigen oder psychotischen Patienten beobachtet, und die von misslungenen Suizidversuchen durchaus unterschieden ist.

*c) ,,Krankhafte Triebe"*

Mit diesem Ausdruck bezeichnet BLEULER[35] jene abnormen Triebregungen, die meistens neurotisch verursacht sind, die gelegentlich aber auch bei Erkrankungen des Gehirns oder des Hormonsystems oder bei der Schizophrenie vorkommen, und die man früher *Monomanien* nannte.

Hierher gehört die *Wandersucht* (oder Poriomanie), also das scheinbar unmotivierte, planlose Davon- und Umherwandern; weiter die *Dipsomanie*, das heisst das triebhafte periodische Trinken; die *Pyromanie*, das ist das triebhafte (also z.B. nicht aus dem Motiv der Rache erfolgende) Brandstiften, und endlich die *Kleptomanie*, das ist die triebhafte, nicht auf Bereicherung zielende Stehlsucht.

---

[35] BLEULER, a.a.O., S. 488.

## d) Suchten[36]

Es erscheint sinnvoll, auch das grosse Kapitel der Suchten, das im einzelnen in den Lehrbüchern der Psychiatrie behandelt wird, unter die Triebstörungen einzureihen.

Denn sowohl bei der Sucht nach Alkohol als auch bei der „Drogenabhängigkeit" im weitesten Sinne handelt es sich für den Süchtigen um das ständig neu auftretende Erlebnis eines unwiderstehlichen, zielgerichteten Dranges, der auf einen körperlichen Bedarf (nämlich den Bedarf nach dem Suchtmittel) zurückgeht; also um ein Trieberlebnis (siehe Seite 150).

Das Pathologische an diesem Trieberlebnis besteht darin, dass der zugrunde liegende Bedarf nicht ein ursprünglicher, primärer Bedarf des Körpers ist, sondern ein durch Gewöhnung entstandener, *sekundärer Bedarf.* Dieser sekundäre Bedarf kann aber die gleiche Stärke erreichen wie ein primärer; die Befriedigung seiner Sucht kann also für den Süchtigen genauso unerlässlich sein, wie es normalerweise die Befriedigung der vitalen Triebe bzw. der Selbsterhaltungstriebe ist.

Nur dadurch wird die körperliche und/oder psychische Abhängigkeit des Süchtigen voll verständlich, und nur durch diese triebpsychologische Betrachtung des Suchtproblems bewahrt man sich vor seiner Unterschätzung.

Die enge Beziehung zwischen Sucht und Triebstörungen wird auch noch in einem anderen Zusammenhang deutlich: die meisten Triebstörungen können (im Gegensatz zu den normalen Triebhandlungen) „süchtigen" Charakter annehmen. Das gilt besonders für die sexuellen Perversionen, kommt aber auch bei anderen Triebstörungen schon in den Bezeichnungen zum Ausdruck, die sie tragen: Magersucht, Wandersucht, Stehlsucht usw.

Während der „normale" Trieb durch Erreichung seines Zieles voll befriedigt ist und erst nach einer gewissen Zeit wieder zu der früheren Stärke anschwillt, ist der abnorme Trieb in süchtiger Weise unersättlich: die Befriedigung nimmt von Mal zu Mal ab, die zur Befriedigung nötigen Mittel (seien es Drogen oder bei-

---

[36] Vgl. hierzu auch S. 106 f. dieses Buches.

spielsweise sexuelle Handlungen) müssen deswegen immer höher dosiert bzw. in immer kürzeren Abständen angewendet werden, die Erreichung des Triebziels wird immer mehr zum Selbstzweck, der sich von den übrigen Bedürfnissen der Persönlichkeit als etwas Fremdes isoliert und schliesslich zum alles beherrschenden *Zwang* wird.

„Die Sucht ist gegenüber dem Trieb nicht nur stärker in der Überwältigung, sondern als fremd und zwingend erfahren."[37] In dem Masse, in dem ein Trieb pathologisch entgleist, kann er zur Sucht werden. Und umgekehrt: alle Sucht ist letztlich autonom und zwanghaft gewordene Triebhaftigkeit.


## 2. Störungen der Instinkte und Reflexe

Während die organisch bedingten *Reflexstörungen* von der Neurologie aufs genaueste erforscht sind und dort für die Diagnose von Nervenkrankheiten grösste Bedeutung haben, spielen sie für die Psychopathologie so gut wie keine Rolle. Selbst die „bedingten Reflexe", die eine Grundlage des Behaviorismus bzw. der Verhaltenstherapie darstellen (siehe S. 159), sind nicht eigentliche Reflexstörungen, sondern stellen Produkte eines Lern- oder Dressurvorganges dar.

KRETSCHMER erwähnt gelegentlich den „*Totstellreflex*" und den „*Bewegungssturm*" als reflektorische Verhaltensweisen des Menschen, die aber nicht als Störungen, sondern eher als sinnvolle „Schreck- oder Paniksyndrome" bei schwerer Lebensbedrohung aufzufassen sind[38].

*Störungen der Instinkte*, die bei den Tieren in so reichem Masse erforscht werden, und die gewiss auch im menschlichen Leben eine beträchtliche Rolle spielen, sind von der Psychopathologie praktisch noch unbearbeitet.

Am ehesten kann man noch jene „Reaktionen, bei denen der Erlebnisreiz nicht eine entwickelte Gesamtpersönlichkeit völlig

---

[37] JASPERS, a. a. O., S. 269.
[38] Vgl. E. KRETSCHMER, Medizinische Psychologie, Stuttgart 1971[13], S. 74.

durchläuft, sondern sich unvermittelt in impulsiven Augenblickshandlungen oder in seelischen Tiefenmechanismen wieder äussert", die KRETSCHMER „*Primitivreaktionen*" nennt[39], als Instinktstörungen bezeichnen. Zu ihnen gehören z.B. die *Kurzschlusshandlungen* aller Art oder die *Explosivreaktionen* wie z.B. der „Zuchthausknall"; bei manchen der oben genannten „krankhaften Triebe" wie z.B. dem triebhaften Davonlaufen oder der Dipsomanie könnte man vermutlich genauso gut auch von „Instinktstörungen" sprechen.

### 3. Störungen des Wollens

Die schwersten Störungen des Wollens stellen die oben schon beschriebenen *Zwänge* (S. 103 ff.) dar. Gleichgültig, ob es sich um Zwangsdenken oder um Zwangshandlungen handelt: der Zwangskranke erfährt in quälender Weise, nämlich bei gänzlich intaktem Ichbewusstsein, dass er nicht „wollen" kann wie er will, sondern dass er gegen seinen Willen denken oder handeln muss.

In diesem Sinne erlebt auch der *Süchtige* wie ein Zwangskranker, der nicht mehr „wollen" kann oder besser: der in sich die Gespaltenheit des Wollens erfährt. Denn die meisten Süchtigen erklären ja, dass sie „eigentlich" aufhören wollten, dass aber ihr Wille eben zu schwach sei. – Gegenüber dem eigentlichen Zwangskranken hat der Süchtige immerhin einen Vorteil: für ihn bringt das Nicht-Wollen-Können wenigstens den vorübergehenden Lustgewinn der Suchtbefriedigung, während der Zwangskranke aus der Befolgung seiner Zwänge keinerlei Lust gewinnt.

Wir sagten schon, dass man die Zwangssyndrome auch als eine Lähmung der Aktivität des Ich bezeichnen könnte. So ist es nicht verwunderlich, dass man Störungen des Wollens auch bei solchen Kranken antrifft, die an einer Ich- oder Persönlichkeitsstörung leiden, nämlich bei *Schizophrenen*. Auch sie berichten manchmal, dass sie keinen Willen mehr hätten; entweder, weil sie gänzlich leer seien, oder weil ihr Wille durch etwas Fremdes, ihnen von aussen Aufgezwungenes, verdrängt worden sei.

[39] KRETSCHMER, a.a.O., S. 174.

Schliesslich kann auch der schwere Antriebsmangel *depressiver Patienten* eine Unfähigkeit des Wollens mit sich bringen: wo keine psycho-physische Energie mehr vorhanden ist, besteht auch nicht mehr die Möglichkeit, sich für oder gegen etwas zu entscheiden.

*Blick auf die Psychiatrie*

Triebstörungen bzw. Triebkonflikte sind – für die Tiefenpsychologie – die häufigste Ursache von Neurosen. Sie kommen aber auch als Begleitsymptome bei vielen organischen Krankheiten und bei endogenen Psychosen vor; sie sind vielleicht, ähnlich wie bei den Neurosen, bei der Entstehung endogener Psychosen ursächlich mitbeteiligt.

Störungen der Instinkte und Reflexe finden bisher in der Psychiatrie nur geringe Beachtung; die sogenannten Primitivreaktionen sind besonders häufig bei Schwachsinnigen zu beobachten, kommen gelegentlich aber auch bei Normal-Intelligenten, aber besonders dafür Disponierten vor.

Störungen des Wollens finden sich bei Zwangskranken, bei Süchtigen, gelegentlich bei Schizophrenen und – als Folge des Antriebsmangels – bei schwer Depressiven.

# Literaturverzeichnis

BASH, K. W.: Lehrbuch der allgemeinen Psychopathologie. Stuttgart 1955.

BINDER, H.: Die menschliche Person, ihr Wesen, ihre Gestalt und ihre Störungen. Eine Einführung in die medizinische Anthropologie. Bern/Stuttgart/Wien 1974[2].

BLEULER, E.: Lehrbuch der Psychiatrie, 11. Auflage, umgearbeitet von M. BLEULER. Berlin 1969.

BLEULER, M.: Die schizophrenen Geistesstörungen im Lichte langjähriger Kranken- und Familiengeschichten. Stuttgart 1972.

BLÖSCHL, L.: Grundlagen und Methoden der Verhaltenstherapie. Bern/Stuttgart/Wien 1974[4].

CALON, P. J. A., PRICK, J. J. G.: Psychologische Grundbegriffe. Salzburg 1969.

DELAY, J., PICHOT, P.: Medizinische Psychologie. Ein Kompendium. Stuttgart 1971[3].

EIBL-EIBESFELDT, I.: Der vorprogrammierte Mensch, Wien, München, Zürich, 1973.

FRANZ, M.-L. VON: Die Visionen des Niklaus von Flüe, Studien aus dem C. G. Jung-Institut Zürich Bd. IX. Zürich/Stuttgart 1959.

FREUD, S.: Gesammelte Werke. London 1952ff.

GIESE, H.: Zur Psychopathologie der Sexualität. Stuttgart 1973.

GRUHLE, H.: Über den Wahn, in: Der Nervenarzt 4, 125, 1951.

HARING, C., LEICKERT, K. H.: Wörterbuch der Psychiatrie und ihrer Grenzgebiete. Stuttgart/New York 1968.

HEIDEGGER, M.: Sein und Zeit. Tübingen 1972[12].

HERING, E.: Über das Gedächtnis als eine allgemeine Funktion der organisierten Materie. Wien 1876, abgedruckt unter dem Titel „Über das Gedächtnis" in: Deutscher Geist, ein Lesebuch aus zwei Jahrhunderten, Bd. II. Berlin o. J. S. 726ff.

HOFSTÄTTER, P. R.: Psychologie, Das Fischer Lexikon Bd. 6. Frankfurt am Main, Neubearbeitung 1972.

HUBER, G. (Hrsg.): Schizophrenie und Zyklothymie, Ergebnisse und Probleme. Stuttgart 1969.

JASPERS, K.: Allgemeine Psychopathologie. Berlin 1965[8].

JUNG, C. G.: Gesammelte Werke. Zürich 1958ff.

– Aion. Untersuchungen zur Symbolgeschichte. Zürich 1951.

KATZ, D. und R. (Hrsg.): Kleines Handbuch der Psychologie. Basel/Stuttgart 1972[3].

KLOOS, G.: Grundriss der Psychiatrie und Neurologie. München 1957[4].

KRETSCHMER, E.: Medizinische Psychologie, 13. Auflage, herausgegeben von W. KRETSCHMER. Stuttgart 1971.

LORENZ, K.: Über tierisches und menschliches Verhalten, Aus dem Werdegang der Verhaltenslehre, 2 Bde. München 1965[2].

— Das sogenannte Böse, Zur Naturgeschichte der Aggression. Wien 1964[3].

PAWLOW, I.P.: Die bedingten Reflexe, eine Auswahl aus dem Gesamtwerk, besorgt von G. BAADER und U. SCHNAPPER. München 1972.

PRINZHORN, H.: Bildnerei der Geisteskranken, Ein Beitrag zur Psychologie und Psychopathologie der Gestaltung, Neudruck der 2. Auflage. Berlin/Heidelberg/New York 1968.

ROHRACHER, H.: Einführung in die Psychologie. Wien/München/Berlin 1971[10].

SCHNEIDER, K.: Klinische Psychopathologie. Stuttgart 1971[9].

SZONDI, L.: Triebpathologie. Bern/Stuttgart 1952.

TINBERGEN, N.: Instinktlehre, Vergleichende Erforschung angeborenen Verhaltens. Berlin/Hamburg 1966[4].

WECHSLER, D.: Die Messung der Intelligenz Erwachsener. Bern/Stuttgart 1964[3].

WUNDT, W.: Grundriss der Psychologie. Leipzig 1905[7].

# Personenregister

# Sachregister

183